公共图书馆阅读推广与管理工作探究

崔　凯　程玉强◎著

经济日报出版社

北京

图书在版编目（CIP）数据

公共图书馆阅读推广与管理工作探究 / 崔凯，程玉强著 .—— 北京：经济日报出版社，2024.12

ISBN 978-7-5196-1423-2

Ⅰ . ① 公… Ⅱ . ① 崔… ② 程… Ⅲ . ① 公共图书馆 – 读书活动 – 研究 Ⅳ . ① G252.17

中国国家版本馆 CIP 数据核字（2023）第 256562 号

公共图书馆阅读推广与管理工作探究

GONGGONG TUSHUGUAN YUEDU TUIGUANG YU GUANLI GONGZUO TANJIU

崔 凯 程玉强 著

出　　版：经济日报出版社

地　　址：北京市西城区白纸坊东街 2 号院 6 号楼

经　　销：全国各地新华书店

印　　刷：武汉怡皓佳印务有限公司

开　　本：710mm×1000mm　1/16

印　　张：10.25

字　　数：147 千字

版　　次：2025 年 1 月第 1 版

印　　次：2025 年 1 月第 1 次

定　　价：72.00 元

目 录
C O N T E N T S

第一章　引言

第一节　研究背景

阅读是人们获取知识和信息的基本途径之一，它为读者打开了一个全新的世界。通过阅读，大家可以接触到各种各样的观点和思想，从而更好地理解这个世界，更好地认识自己。对于个人而言，阅读是一种重要的自我成长方式。通过阅读，可以学习新知识，提高自己的技能，可以拓宽视野，了解不同文化背景下的思想和价值观，有助于自身世界观、人生观和价值观的形成。在这个信息爆炸的时代，需要有正确的价值观来指引人们前行，而阅读正是形成正确价值观的重要途径。对于社会而言，一个充满阅读氛围的环境有助于文化积淀和社会进步，也可以促进社会交流和沟通，增进人与人之间的相互了解和信任。这种信任和了解是构建和谐社会的基石。阅读的重要性毋庸置疑，为了更好地推广阅读，需要从多个方面入手。既需要政府相关政策的支持，也需要出版业提供更多优质的阅读资源，更需要社会的支持，比如通过社区开展各种阅读活动，鼓励全民参与阅读，分享自己的阅读体验和感悟。但最终还需要公共图书馆主动承担起推广阅读的责任，发挥文化灯塔的作用。

随着互联网和移动设备的普及，人们的阅读习惯正在经历一场深刻的变革：传统的纸质书籍逐渐被电子书、网络文章等多元化的阅读方式所取代。这一变化趋势对公共图书馆的阅读推广活动提出了新的挑战。首先，随着电子设备的兴起，人们可以随时随地通过网络获取信息，不受时间和地点的限制。其次，电子书的便携性和可复制性也受到了越来越多人的青昧。然而,这种变化趋势并不意味着纸质书籍的消失。事实上,纸质书籍所带给人们的独特体验,如触觉、视觉和听觉等感官体验,以及它所提供的深度阅读和沉浸式阅读方式,都是电子阅读所无法替代的。因此,在推广阅读时,不仅要考虑新兴的电子阅读需求,也不能忽视传统纸质书籍的价值。

如何有效地平衡两者之间的关系,更好地推广阅读呢?将人们重新带回到图书馆的公共空间进行阅读学习与交流,或许是一条行之有效的解决之路,这也是笔者研究的动机所在。

公共图书馆是人们身边的一座文化灯塔,承载着传承实体书香与文化的重任。在这里,人们可以远离城市的喧嚣,沉浸在思想的世界中。无论是早晨的阳光还是傍晚的晚风,都无法打扰人们翻动手中的书页。这种安静的氛围使人们能够更好地投入到阅读中去,深入挖掘文字背后的价值。在这里,人们可以接触到各种各样的书籍,无论是小说、历史、科学还是艺术,都能够满足他们的阅读需求。在这个信息爆炸的时代,如果不知道如何选择一本适合自己的书籍,公共图书馆的专业阅读指导服务就像一位经验丰富的导师,能够帮助到你,并引导你深入挖掘阅读的价值。此外,公共图书馆还经常举办各种文化活动,如读书会、讲座等,为读者提供了一个交流的平台。在这里,人们可以与他人分享自己的阅读体验,也能够听到他人的想法与见解。这种交流不仅能够拓宽人们的视野,也能够增强人们的社交能力。综上,尽管数字化时代带来了海量的电子资源,但公共图书馆仍然是不可或缺的。它不仅为人们提供了一个宁静、舒适的场所,也为那些缺乏知识资源的人提供了宝贵的机会。而公共图书馆的专业阅读指导服务以及各种文化活动,更是为读者带来了更多的便利与价值。因此,公共图书馆应该努力发挥其自身的优势,做好人们身边的文化灯塔,也因为如此,公共图书馆的阅读推广与管理工作变得更为重要了。

第二节　研究动机

一、研究意义

（一）理论意义

本研究旨在深入探讨公共图书馆阅读推广领域的理论体系，通过系统的分析和研究，为该领域提供更加全面和深入的理论支持。公共图书馆阅读推广的发展与社会的进步和文化的普及密切相关，同时受到政治和经济因素的影响。在这个过程中，公共图书馆阅读推广的理论体系也在不断地完善和丰富，为后续研究提供了重要的理论基础。通过对公共图书馆阅读推广的历史发展、现状分析以及未来趋势等方面的研究，得出有价值的结论，为该领域的学术研究和理论发展提供重要的参考。

在历史发展方面，通过对公共图书馆阅读推广的起源、发展历程以及影响因素的分析，揭示其背后的社会、文化、政治和经济因素。在未来趋势方面，通过对公共图书馆阅读推广的发展趋势和前景分析，提出了公共图书馆阅读推广的创新发展思路，包括加强数字化建设、引入智能化技术、拓展社交功能等，为公共图书馆阅读推广的未来发展提供了重要的思路和方向。

本研究认为公共图书馆阅读推广将会朝着更加多元化、智能化和社交化的方向发展。相信在未来的发展中，公共图书馆阅读推广将会发挥更加重要的作用，为推动全民阅读和文化普及作出更大的贡献。

（二）实践意义

本研究致力于为公共图书馆工作人员提供实用且经过验证的阅读推广策略。

公共图书馆在阅读推广活动中，需要充分考虑读者需求的多元化。儿童、青少年、老年人等不同的读者群体有着不同的阅读兴趣和需求。因此，公共图书馆应该根据不同群体的特点，有针对性地设计阅读推广计划。为了实现这一目标，公共图书馆需要采取一系列措施来优化阅读推广活动。比如更有针对性的资料收集和社区活动。在优化公共图书馆的阅读推广活动的过程中，还需要注意一些问题：首先，要充分考虑读者的需求和兴趣爱好，做到有的放矢，提高阅读推广活动的针对性和实效性。其次，要注重活动的多样性和创新性，避免形式单一、内容枯燥的活动给读者带来审美疲劳。最后，要加强对活动效果的评估和反馈，及时发现问题、总结经验，不断完善和优化阅读推广活动。故而优化公共图书馆的阅读推广活动是一项长期而艰巨的任务，需要各方共同努力，不断探索创新。

同时，本研究的结果和建议对于政府和文化部门在制定阅读推广政策时也具有重要的参考价值。通过深入分析研究结果可以发现，阅读推广政策不仅要关注读者的兴趣和需求，还要考虑社会文化背景、教育水平、阅读环境等多方面因素，以确保政策更加符合实际需要，更具针对性和实效性。

二、研究方法

（一）分析和了解当前公共图书馆阅读推广的现状和问题

通过整理图书馆的历史，梳理图书馆的使命与责任，全面了解我国公共图书馆在阅读推广方面的实际工作现状，并揭示其中存在的问题和困境。本书将详细分析公共图书馆在阅读推广方面所面临的挑战，如有限的资源、缺乏创新的服务模式、信息不对称等，并探讨可能的解决方案，为后续的策略研究提供现实依据。

（二）借鉴国内外公共图书馆阅读推广的先进经验和成功案例

随着社会的不断进步和科技的发展，公共图书馆在阅读推广领域正面临着前所未有的挑战与机遇。为了更好地满足读者的阅读需求，提高阅读推广活动的质量和效果，本书将系统梳理和总结国内外公共图书馆在阅读推广领域的先进经验和成功案例，并对其进行深入分析，提炼可借鉴和应用的策略与方法。

（三）提出针对性的公共图书馆阅读推广策略和建议

尽管公共图书馆在阅读推广方面已经做了大量的努力，但是仍存在一些问题。其中，阅读推广活动的单一性、传统推广方式的局限性以及对读者需求把握得不精准等问题尤为突出。如何采取更加多元化的推广方式，精准把握读者需求，创新推广策略，在阅读推广方面不断创新和改进，通过丰富多样的活动、利用新兴媒体以及精准把握读者需求等方式，提高阅读推广的效果和质量，都是我们关注的问题。需要我们通过一系列的研究，提出更有针对性的推广策略和建议，帮助公共图书馆不断完善自身的服务和管理水平，为读者提供更好的阅读体验和服务。

（四）通过实证研究验证所提出策略的有效性和可行性

为了验证所提出的阅读推广策略的实际效果，公共图书馆需要进行一项系统而严谨的实证研究。首先，在开始实证研究之前，需要明确研究的目标和范围，包括确定研究的样本群体以及选择合适的实证研究方法。实证研究方法的选择应结合研究的样本群体以及研究问题的特点进行考虑。在实证研究中，通过多种方式收集数据，包括调查问卷、访谈以及观察等。通过这些数据收集方法，可以全面了解公共图书馆的读者群体对阅读推广活动的参与情况和反馈意见。除了收集读者群体的反馈意见外，还可以收集图书馆阅读推广活动的相关数据，如参与人数、借阅量以及阅读时长等。这些数据将帮助公共图书馆客观地评估推广活动的效果。其次，数据收集之后，对数据进行分析和解读。通过统计分析以及图表展示等方法，对数据进行处理和加工，呈现阅读推广活动的实际效果。基于实证研究结果，对所提出的阅读推广策略进行评估和反思。根据数据的反馈，发现存在的问题和不足，以及推广策略在实际操作中的可行性和有效性。对于效果显著的推广策略，进一步总结提炼，形成可复制推广的模式；对于存在问题的策略，进行针对性的优化和改进，以提高其实际效果。最后，通过实证研究的结果，为公共图书馆的阅读推广工作提供科学依据和决策支持。公共图书馆可以根据实际情况，结合实证研究的成果，灵活调整和改进阅读推广策略，以更好地满足读者的需求，提升阅读率和阅读品质，推动全民阅读的深入开展。

第二章　公共图书馆的角色与使命

第一节　公共图书馆的历史演进

公共图书馆的历史演进可以追溯到远古时期，而作为一种公共文化机构，真正意义上的公共图书馆的历史演进主要始于近代。

一、重视知识保存的早期藏书楼

（一）远古时期

文明对于知识的保存和传播非常重视，因此许多文明都建立了自己的藏书之所。例如，在古埃及，存放莎草纸的房屋是知识的重要载体。这些房屋保护了珍贵的莎草纸文献，这些莎草纸可以追溯到大约公元前 250 年到公元前 700 年，主要用希腊语和拉丁语书写，也有用通俗的埃及语、科普特语、希伯来语、叙利亚语和阿拉伯语书写的。内容包括历史记录、宗教仪式和文学作品等内容。这些文献大多只为统治阶层和学者所使用，他们通过阅读和研究这些文献来深化对世界的理解，进一步巩固他们的地位和权力。

（二）古希腊时期

古希腊是哲学的发源地，苏格拉底、柏拉图等许多伟大的哲学家都留下了珍贵的著作。雅典卫城中的藏书侧重于哲学和文学作品，这些藏书之所成为学者们研究哲学思想、进行学术交流的重要场所。同样，这些藏书之所也主要为精英阶层服务，普通民众很难接触到这些宝贵的学术资源。

（三）古代中国时期

古代中国的藏书楼是文明发展的重要见证。皇帝、贵族和文人墨客是藏书楼的主要使用者。他们收藏了大量的经典著作、历史文献和诗词歌赋，这些藏书不仅用于学术研究，还成为他们欣赏文化艺术的重要媒介。但是，普通百姓由于种种原因，如知识水平有限、经济条件制约等，很难接触到这些藏书，知识的传播在一定程度上受到了限制。虽然这些早期的藏书之所主要为特权阶层服务，但它们为后来的公共图书馆提供了重要的启示和模板。古代中国的藏书楼可按时间分为以下几种：

1. 唐虞夏时期

作为中国王朝萌芽的第一个时期，据记载已经初步建立了藏书系统。这些藏书主要集中于王室与巫的手中，是权威的象征。但在当时只有王室成员和贵族才有权接触这些藏书，普通百姓与这些藏书的距离相当遥远。

2. 商朝时期

商朝时期文化进一步发展，都城遗址——河南安阳小屯殷墟出土了大量的王室占卜记事用的龟甲兽骨，并证实甲骨的纳贡、收贮、整治在当时已经有了一套严格而有系统的制度。至今甲骨已发现约 15 万片，记述了大量王朝国事和王室活动，为历史、文字、天文、地理、农商等多个文化方面的发端提供了极其宝贵的资料。

3. 周朝时期

西周时期建立有专门的守藏室，由专人负责记录、编译、收藏各类典籍。从孔子向老子求学、老子出关等几则流传甚广的故事中可以看出，在当时贵族不仅有专人负责讲学，有专门的地方学习，也有向"图书管理员"求学的惯例，早期的图书馆已经开始从单纯的藏书楼向知识传播中心演变了。东周时期，诸侯争霸，每个国家都建立了自己的学术中心和藏书楼。这些藏书楼不仅是知识的仓库，也是学术交流和论辩的重要场所。诸子百家的思想在这里流传，各个学派都有自己的经典著作被收藏。同时，这一时期私学的兴起让更多的人有机会接受教育，得以接触这些宝贵的藏书。尽管知识的传播仍然受限于贵族和士人阶层，但其范围已经比之前的朝代广泛许多。

4. 秦朝统一六国后

为了加强中央集权，统治者下令销毁了民间藏书，而将天下藏书归于皇家，同时试图将所有的授学权利收归官吏达到思想的统一。这一时期藏书楼收藏的书籍更多地关注法律、军事、农业等实用领域。因此，虽然秦朝藏书丰富，但对于民间藏书、授书的钳制限制了知识的自由传播。

5. 汉朝至明清

这一阶段藏书楼的发展随着造纸术的改进与印刷技术的发达而变迁。随着儒学的崛起，教育逐渐普及，不再是贵族和王室的专属，私家藏书也随之兴起。地方学府、私人书院都建立了自己的藏书楼，为士子提供研读之所。尤其在唐宋时期，经济繁荣和科技进步推动了书籍的广泛流通。活字印刷术的出现更使书籍生产大为便捷，为藏书楼的扩充提供了物质基础。明清时期藏书楼数量达到顶峰，不仅有皇家的内府藏书楼、各地方政府的官署藏书楼，还有大量的私家藏书楼遍布各地。这些藏书楼不仅收藏了古今中外的各类书籍，还成为文人墨客交流思想、吟诗作画的场所。尽管普通百姓仍受到经济条件和知识水平的制约，但随着教育的普及和社会的进步，他们也有了更多接触知识的机会。

二、近代公共图书馆的兴起

传统的藏书楼更注重"藏"，而近代的公共图书馆更注重"传播"与"交流"。

在西方，随着文艺复兴和启蒙运动兴起，欧洲的社会与文化氛围开始呈现出一派活跃与探索的气象。在这样的背景下，为普通大众服务的公共图书馆应运而生，它们不仅承载着收藏、保存书籍的功能，更注重为广大民众提供一个开阔视野、交流思想的平台。这些新兴的公共图书馆不再是贵族或学者专有的领地，它们的大门向所有阶层的人们敞开，无论贫富、贵贱，每个人都有机会在这里接触到各种各样的书籍。这些公共图书馆成为城市的知识中心，人们在这里阅读、学习、探讨，不断吸收新的知识和观念。不仅如此，公共图书馆还为人们提供了一个交流的空间。学者们在这里交流，探讨学术问题，进行思想碰撞；普通市民在这里聚集，分享彼此的生活经验和见解。公共图书馆成为一个汇聚各种声音、各种思想的公共场所，推动了文化的交融和社会的进步。与此同时，工业革命的浪潮席卷欧洲，机器的力量改变了生活的方方面面。伴随着工业化进程的是中产阶级的崛起，他们是一个充满活力和追求的知识群体。这些中产阶级人士渴望通过学习提升自己，也希望通过教育改变下一代的命运。因此，他们对公共图书馆有着巨大的需求。在美国，这一需求得到了一些杰出工业家的响应。比如在 1911 年到 1917 年的 7 年间，美国商人安德鲁·卡内基就借助公司捐赠形式捐赠了 1300 万美元，建成了多达 2509 所图书馆，多数位于美国、英国和加拿大。他是一位具有远见的公共图书馆家，深深理解知识对于社会进步的重要性，他不仅捐赠巨款用于图书馆的建设，还积极倡导公共图书馆的理念，鼓励更多的人关注和支持这一事业。在卡内基等工业家的推动下，美国的公共图书馆事业迅速发展起来。这些图书馆不仅为人们提供了学习的场所，更为美国社会的文化繁荣和进步打下了坚实的基础。

三、公共图书馆的普及和发展

20 世纪初，一场全球性的文化运动悄然兴起。在这场运动中，公共图书馆的理念逐渐深入人心，并开始在各个国家广泛推广。这个理念的核心是：图书馆作为公共空间，应该向所有人开放，为人们的文化需求提供便利。在这个时期，许多国家通过了一系列法律，以确保每个公民都有权利方便地访问公共图书馆。这些法律的实施，使得公共图书馆成为人们生活中不可或缺的一部分。无论是城市的繁华街头，还是乡村的宁静角落，公共图书馆都是人们获取知识、享受文化生活的场所。除了传统的书籍借阅服务外，公共图书馆还为读者提供了一系列丰富多彩的活动，讲座、阅读小组、儿童故事时间等项目应运而生，使得公共图书馆不再仅仅是书籍的聚集地，更是社区的文化中心。这些活动不仅增加了公共图书馆的吸引力，更让人们在轻松的氛围中享受到了文化的魅力。与此同时，技术的进步也为公共图书馆的发展注入了新的活力。随着计算机技术的普及，公共图书馆逐渐实现了计算机化管理，使得借阅过程更加便捷。自助借还书设备的出现让读者可以自主完成借阅手续，大大提高了服务效率。这些技术的应用为读者提供了更加便捷的服务，也使得公共图书馆能够更好地满足人们的需求。20世纪初是公共图书馆发展的关键时期。在这个时期，图书馆不仅在服务方面得到了完善，更在社区中发挥了积极的作用。技术的进步为图书馆的发展提供了支持，使得它们能够更好地满足人们的需求。

四、当代的挑战与变革

进入21世纪，公共图书馆面临着前所未有的挑战。随着数字化技术的飞速发展，电子书、在线数据库等数字资源日益丰富，使得许多传统的图书馆服务受到冲击。在这个变革的时代，公共图书馆需要积极应对这些挑战，继续发挥其在21世纪中的重要作用。

目前公共图书馆行业市场主要面临以下几方面的挑战：

1. 公共图书馆行业发展需要大量的资源和资金投入，但当前政府财政投入仍然较少，而以前蓬勃发展的私人藏书业更多转向其他暴利行业，导致公共图书馆的资金短缺严重，在资源和资金方面，公共图书馆行业正面临严峻的挑战。

2. 由于资源和资金的紧张，公共图书馆无力提供更优质的服务，始终处于比较落后的状态。

3. 大量的公共图书馆还使用传统的运营模式，没有形成新的运营模式，也没有真正实现新兴科技的应用，服务质量受到严重限制。[1]

4. 更便捷的知识获取渠道和手段的出现，降低了公共图书馆对于民众获取知识的不可或缺性，影响了民众前往公共图书馆的热情。

---

[1]　博研咨询和市场调研在线发布的《2024—2030年中国公共图书馆行业发展策略分析及投资前景研究报告》。

综上可知，进入 21 世纪，公共图书馆面临着数字化带来的巨大挑战。但同时，一个安静、资源丰富、服务完善的社区文化中心依然是民众所亟须且不可或缺的，通过积极应对挑战，公共图书馆不仅可以提供更加丰富的服务内容，还可以成为民众所需求的社区文化中心、学校教育资源中心以及其他文化机构的重要合作伙伴，在当代社会中发挥更多元的作用。

第二节　当代公共图书馆的使命与责任

一、是文化传承的守护者

作为社会公共文化服务体系的重要组成部分，公共图书馆肩负着保护和传承人类文化的使命。在这个信息爆炸的时代，图书馆收藏的文献资源不仅代表着过去的历史和文化，同时也是现在社会文化状况的反映。因此，全面收藏和保护各类文献资源对于维护人类文化的连续性和完整性至关重要。

（一）全面收藏

公共图书馆作为社会公共文化服务体系的重要组成部分，应该力求在收藏文献资源方面做到全面、丰富和多样。这不仅需要其收藏的文献资源涵盖各个学科领域，以适应不同人群的需求，还需要注重收藏的品质和权威性，以确保所藏资源的质量和可信度。

在收藏内容方面，公共图书馆应该承担起全面收藏和保护各类文献资源的首要任务，尽可能地收藏各种类型的文献资源，文献资源不应限于图书、期刊、报纸、手稿、地图、照片等传统文献资源，也应该加入影像资料、电子数据等新兴文献类型，和已纳入文献类型但并未收藏的石碑、石刻、甲骨、口述史料、私人家谱、公告、广告等文献资料。同时，公共图书馆还应该注重对特色文献、地方文献的保护和收藏，以体现地域性和民族性的文化特色。

在收藏渠道方面，公共图书馆应该积极拓宽收藏渠道，采取多种方式获取和保存各类文献资源。除了传统的购书、捐赠、交换等方式外，还可以借助现代科技手段，如数字化技术、网络资源等，对文献资源进行复制、备份和保护。

在收藏品质方面，公共图书馆应该注重收藏的品质和权威性。在采购文献资源时，应该选择来自正规渠道的出版物，避免收藏盗版或非法出版物。对于一些重要的文献资源，应该选择由权威机构或知名作者出版的作品，以确保所藏资源的质量和可信度。

（二）保护修复

公共图书馆作为社会文化的重要储藏库，其承担的责任不仅是简单的文献资源收藏，更多的是对这些珍贵文献资源的细致保护与传承。这些文献资源犹如历史的石碑、文化的基因、智慧的火花，它们记载了人类的过往与现今，是任何其他物质都无法替代的宝贵财富。对于这些大多年代久远的文献，其保护与修复的重要性不言而喻。为了守护这些历史宝藏，公共图书馆首先应该建立健全文献保护制度，对文献资源的保存、借阅、复制等环节进行严格的管理和控制。严格控制环境的湿度、温度、光照等参数，采取一系列专业的保护措施，以防文献因自然环境的变化而受损。其次，为了防止盗窃、破坏等行为，公共图书馆还需要加强安全防护，确保文献资源的安全。为了应对可能出现的突发情况，如火灾、地震等自然灾害，制定和完善应急预案也是必不可少的。

除了防护工作，修复受损文献同样是一项艰巨且重要的任务。修复人员的每一次修复，都是对前人智慧的尊重与传承，每一次努力，都是为了让这些受损的文献重新焕发生机，让后人能够更完整地领略到前人的智慧和文明。因此，修复人员不仅需要拥有专业的技能和知识，还需要对各种材料都有深入的了解，熟练掌握各种修复技术。对破损、老化、腐蚀的文献及时进行修复和保护，以延长其使用寿命。

（三）数字化保存

当今时代，数字技术飞速发展，已经深入到各行各业，改变了人们的生活方式和工作方式。公共图书馆作为文献资源的重要收藏者和管理者，也必然要跟上时代的步伐。在这种背景下，文献资源的数字化保存显得尤为重要。对于公共图书馆来说，数字化保存不仅仅是一个技术进步的标志，更重要的是它给读者带来了巨大的实用性便利。数字化保存不仅可以彻底解决传统图书馆空间不足的问题，还可以为读者获取文献资源提供前所未有的便利。数字化保存还大大提高了文献资源的利用效率和可访问性。在数字化的环境中，文献资源可以通过关键词、主题词、作者等多种方式进行快速检索。读者无需像在传统图书馆中那样，花费大量的时间翻找书籍。此外，数字化资源还可以进行全文搜索。这种高效的查找方式不仅提高了资源的利用效率，也使得更多的资源能够被更多的读者发现和利用。

在数字技术的推动下，公共图书馆正面临着一个前所未有的转型期。文献资源的数字化保存不仅是技术进步的产物，更是公共图书馆适应时代发展、提升服务质量的必然选择。通过数字化保存，公共图书馆能够更高效、更便捷地为广大读者提供服务，更广泛地推动文化的传播和知识的普及。

（四）推动文化传承

阅读，不仅是个人行为，更是文化传承的桥梁，而公共图书馆在文化传承中扮演着重要角色，且表现在多个方面：首先，公共图书馆收藏了大量的与本地、本民族文化相关的书籍和资料，为人们提供了学习和了解传统文化的机会。这些书籍和资料不仅包括经典文学作品，还包括历史、民俗、艺术等方面的书籍与影像资料、文物资料，对于人们了解和认识传统文化至关重要。其次，公共图书馆通过推荐书籍、组织讨论等方式，引导人们深入了解传统文化，并从中汲取营养。这种引导对于培养人们的文化自觉和文化自信至关重要。再次，文化是思维的结晶，公共图书馆经常举办的讲座、展览、读书会等活动，不仅可以让人们更深入地了解传统文化，增加对传统文化的认识和兴趣，还可以促进人们思维的交流与对当下文化的思考，促进新思潮的兴起，同时还能加强社区内部的交流和互动，形成不同的社区文化，为文化传承添砖加瓦。最后，在技术上，公共图书馆还可以通过数字化手段来保护和传承传统文化，将一些珍贵的文献和资料进行数字化处理，并上传到互联网，让更多的人可以随时随地学习和了解传统文化。这种数字化手段不仅保护了传统文化，也使得传统文化能够在更广泛的范围内得到传播和传承。通过收藏书籍、引导读者、举办活动和数字化处理等方式，公共图书馆为人们提供了了解和接触传统文化的机会，并帮助传统文化在更广泛的范围内得到传播和传承，还培养了人们的文化自觉和文化自信，促进了新文化的生发与成长。因此，应该更加重视公共图书馆在文化传承中的地位和作用，让文化在生活中更好地流传。

二、是广大读者的服务者

作为服务广大读者的知识殿堂，公共图书馆的使命不仅是收藏和保存图书，也是为广大读者提供人性化、多元化的服务。在现代社会，公共图书馆必须不断适应和满足读者日益多样化的需求，更好地履行其社会责任。

（一）提供良好阅读环境

公共图书馆作为广大读者的知识圣地，始终将提供人性化、多元化的服务置于首位。为了实现这一目标，公共图书馆在环境的营造和服务的提供上进行了诸多细节性的精心设计和扩展。

首先，为了营造舒适、安静的阅读环境，公共图书馆在空间布局和设施配备上下足了功夫。公共图书馆内的空间布局经过精心规划，确保读者能够拥有宽敞、明亮的阅读空间。足够的座位设置，不仅能够满足大量读者的需求，还能够注重座位的舒适度和人体工学。阅读椅采用高弹性材料制作，符合人体曲线，让读者在长时间的阅读中也能保持舒适。此外，座位之间设置适宜的距离，保护读者的隐私，减少相互干扰，使读者能够专注于阅读和学习。另外，为了确保读者能够在恒温、恒湿的环境中阅读，公共图书馆配备了先进的空调设施。这些设施能够有效地控制室内温度和湿度，提供舒适宜人的阅读环境，让读者在任何季节都能感受到温馨和舒适。同时，空调设备的选择也注重静音效果，以避免对读者的阅读和学习造成干扰。

其次，公共图书馆在照明方面考虑周到。阅读灯光的选择充分考虑到读者的视力和舒适度。灯光柔和、不刺眼，并采用了适宜的色温和亮度，以减轻读者的视觉疲劳。同时，为了节能和环保，公共图书馆广泛采用 LED 等高效能、低能耗的照明设备，确保读者在舒适的环境中阅读，并为环保事业贡献一份力量。

实际应用案例：为改善读者阅读环境，为读者提供更加舒适的阅读环境。嵩明县图书馆对馆内大厅和综合阅览室等多处照明设备进行改造，替换掉光照度不足的老旧灯具，新装上高效节能的 LED 吸顶灯。

青岛市图书馆新址靠海很近，海边湿度大，建成后，书库内将采用恒温恒湿系统保障图书存放。图书馆在空间塑造方面，既体现出图书馆作为人类"知识之源"的重要载体的重要地位，同时也充分彰显其滨海的景观优势。结合结构受力的特点，在临海一侧设置了一穹窿型的主题阅览空间，其经典的空间模式，既与老城的文化底蕴一脉相承，又展现出了知识殿堂的独特魅力。阅览平台，面向大海，层层升起，形成低头看书、抬头观海的独特的阅览体验。①

（二）提供多元化的阅读资源

公共图书馆为了满足不同读者的多样化需求，在资源提供方面除了丰富的图书收藏外，还订阅了大量的其他资料，比如期刊和报纸。这些期刊涵盖各个学科领域，从自然科学到社会科学，从文化艺术到技术应用。学术期刊为读者提供了深入研究的参考资料，而科普期刊将复杂的科学原理以通俗易懂的方式呈现给广大读者。报纸则及时报道了国内外的新闻和社会事件，让读者能够随时了解时事动态，拓宽自己的视野。

音像资料区域也是公共图书馆的一个亮点。这里收藏了丰富多样的音乐CD、电影 DVD、纪录片等音像制品。无论是经典的音乐作品、热门的电影作品，还是具有历史文化价值的纪录片，都能在这里找到。馆内还特意设置

---

① 引用来源：http://www.kmsm.gov.cn/c/2024-03-12/6821216.shtml

了音像播放区，提供高品质的音响和投影设备，供读者欣赏这些音像资料。在这里，读者可以通过影像和音乐的方式感受艺术的魅力，了解历史文化的传承。

在数字资源方面，公共图书馆也积极跟进时代的发展，提供了大量的电子书籍和在线数据库，读者可以通过公共图书馆的网站或移动应用程序便捷地进行在线阅读和下载。这些电子资源不仅包括图书、期刊等文本资料，还包括音频、视频等多媒体资源。同时，公共图书馆还提供了一些专业的学术搜索引擎和数据库，方便读者进行学术研究和深度学习。为了更好地引导读者利用这些多元化的资源，公共图书馆还设置了专业的参考咨询台。这里有专业的图书馆员和学科专家，他们可以为读者提供个性化的参考咨询服务，帮助读者选择适合自己的资源，解答读者的疑问和困惑。

实际运用案例： 通川区图书馆内有电子图书 45 万余册，纸质藏书 3 万余册，以报刊、儿童读物、文学作品等为主，其服务性质也更倾向于社区性服务。据该馆负责人介绍，通川区图书馆按照国家县级图书馆三级标准建设，面积 2880 平方米，含阅览室、藏书室、少儿阅览室、电子阅览室、少儿活动室、报刊收藏室、自修室等多个功能室，是附近居民远离城市喧嚣，沉心静修的好去处。为了服务读者，通川区图书馆订阅了数百种报刊，加上文学、生活、社科、教育、诗集等各类杂志，报刊收藏室共有两百多种期刊，满足了绝大多数喜欢阅读期刊的社区民众。

通川区图书馆实际的服务性质更倾向于社区性服务。针对读者人群特点，在每两年更新藏书之际，他们会更侧重于购买新的儿童类读物，选择入馆的藏书大多也都是根据实际阅读情况而定的，不求大和全，只求准与精。通川区图书馆把民众放在心上，民众也乐于与图书馆共同学习进步，2019 年的时候，图书馆的周进馆人次就不少于 200 人，取得了县级三级图书馆资格。如今更是获得了国家二级图书馆的资格与荣誉。[①]

---

① 达州日报 - 让阅读滋润生活 http://epaper.dzrbs.com/m/dzrb/201909/13/content_22480.html (dzrbs.com)

（三）提供丰富的读者活动

公共图书馆作为社区的文化中心，定期举办各类读者活动是其重要职责之一。这些活动不仅能够吸引更多的读者来到图书馆，还能增强读者与图书馆之间的互动和联系，促进阅读文化的传播和发展。

讲座是公共图书馆常见的读者活动之一。该活动通过邀请专家学者、作家、艺术家以及行业内具有丰富经验和学识的人士，为读者带来精彩的演讲和分享。讲座主题多样，内容涵盖文学、艺术、历史、科学等领域，这样的讲座活动不仅能拓宽读者的视野，还能为读者提供与专家面对面交流的机会。

展览是另一种深受读者喜爱的活动。公共图书馆可以利用自身空间和资源举办各类主题展览，如书画展、摄影展、历史文化展等。这些展览不仅可以展示各种精美的作品，还能通过解说和导览帮助读者深入了解作品背后的故事和文化内涵。展览活动为读者提供了一种直观、生动的文化体验方式，能够激发他们对美的欣赏和对文化的热爱。

读书会是公共图书馆促进阅读的重要活动形式。通过组织读者围绕特定书籍或主题展开讨论，分享阅读心得和感受，不仅可以培养读者的阅读兴趣，提升读者的思考能力，增进读者之间的交流和互动。还可以为他们创造一个温馨、亲密的阅读社群，让阅读成为一种共同的体验和乐趣。

亲子活动是公共图书馆为家庭提供的特色服务之一。这类活动旨在通过亲子共读、亲子互动等形式培养孩子们的阅读兴趣和良好的阅读习惯，增进亲子之间的感情。公共图书馆可以为孩子们设置亲子阅读区，提供丰富的儿童图书和亲子互动游戏，让家长和孩子共同享受阅读的快乐时光。同时，还可以通过举办亲子故事会、亲子手工制作等活动，为家庭提供一个丰富多彩的文化场所。

定期举办的各类读者活动，可以吸引更多的读者走进公共图书馆，增强读者与公共图书馆之间的联系和互动。这些活动为读者提供了丰富多彩的文化体验和学习机会，促进了阅读文化的普及和发展，让公共图书馆真正成为社区的文化中心和读者的精神家园。

实际应用案例：青岛市图书馆"仲夏阅读季"每年夏季如约与读者见面，不仅有喜闻乐见的"青图有约""花样阅读""佳片夜话""我行我秀"四大特色板块，还继续为大家带来形式多样、内容丰富的阅读活动，将图书馆打造成多彩的夜间文化空间。

"仲夏阅读季"期间，"青图有约"邀请多位岛城专家学者做客图书馆，为大家带来内容丰富的主题讲座。并组织"青岛城事"文化沙龙，为读者讲述老照片的故事。"花样阅读"邀请小演奏家们将为大家带来精彩的交响音乐会，邀请小画家共绘长卷。"佳片夜话"则一次又一次推出红色经典影片赏析活动，在二楼服务大厅为读者朋友们播放红色经典影片。让广大读者了解革命历史，追寻光影背后的峥嵘岁月，培养爱国爱党的热情，弘扬爱国主义精神。考虑到孩子更喜欢活动，"我行我秀"还推出多场"阅读＋游戏"家庭亲子活动，孩子们可以重温父母小时候玩过的游戏：扔沙包、跳皮筋、跳房子、抢凳子、踩报纸、托球跑……与爸爸妈妈一起嗨在图书馆，畅玩一夏。[①]

三、社会公平与进步的推动者

公共图书馆被誉为知识的海洋和文化的殿堂，不仅是一个为大众提供书籍借阅的场所，更是一个促进社会发展和公平的重要机构。它的角色随着时代的变迁而不断演变，但始终坚守着为社会大众服务的初心。

在知识经济时代，阅读被赋予了前所未有的重要性。它不仅是个人获取知识、积累学识的基石，更是提高个人素质、丰富精神世界的必经之路。公共图书馆作为承担阅读推广活动重要职责的社会公益性文化服务机构，在这方面发挥着不可替代的重要作用。通过举办面向儿童的早期阅读教育或针对成人的阅读分享会这些活动，公共图书馆不仅为人们提供了良好的阅读氛

---

① 　HYPERLINK "https://www.sohu.com/a/789750051_121124723" 阅享夏日好时光——青岛市图书馆 2024 年"仲夏阅读季"开始啦 _ 活动 _ 历史 _ 花样 (sohu.com)

围，还激发了人们的阅读兴趣，培养了人们良好的阅读习惯，使得阅读不再是孤立的个体行为，而是一种社会交流与互动的方式，让人们能够在阅读中汲取力量、相互启迪。对于培养有知识、有文化、有素养的公民起到至关重要的作用。通过阅读推广活动，人们可以了解到他人的生活经历、思想观点和智慧结晶，从而更好地认识自己、提升自己。在这个过程中，公共图书馆为人们提供了一个反思与思考的平台，让人们能够理性地看待问题，形成独立的思考能力和批判精神。此外，公共图书馆还承担着促进社会文化发展的使命。通过开展各种文化活动、展览和讲座等，公共图书馆为人们提供了一个个接触多元文化的机会，让人们能够感受到不同地域、不同民族文化的魅力。这不仅丰富了读者的精神世界，还促进了不同文化之间的交流与融合，为社会的和谐稳定做出了贡献。为了更好地满足读者的阅读需求，公共图书馆不断地进行自我完善和创新。它们不仅引进了现代化的信息技术和设备，还通过数据统计和分析来了解读者的阅读偏好与需求，以便提供更加精准的服务。这些举措不仅提高了公共图书馆的服务质量，还为人们的阅读生活带来了更多便利和乐趣。

在社会发展进程中，公共图书馆扮演着推动者和保障者的双重角色。公共图书馆可以为大众提供平等获取知识的机会，是促进社会公平的重要力量。这在一定程度上消除了贫富差距带来的知识鸿沟，有利于社会的和谐发展。公共图书馆在推动社会发展的过程中也发挥着积极作用。它不仅是一个信息中心，更是一个学习中心。在这里，人们可以学习新的知识、掌握新的技能，为自己的职业发展打下基础。此外，公共图书馆还为研究人员提供了宝贵的资料和信息，帮助他们进行学术研究，有利于推动人类文明的进步。

（一）服务弱势群体

在服务弱势群体方面，公共图书馆承担着特殊的责任和使命。通过为低收入家庭子女提供丰富的图书资源和良好的学习环境，以及为残障人士创造无障碍的阅读环境和服务，公共图书馆在提升弱势群体综合素质和帮助他们融入社会方面发挥了重要作用。随着社会的不断发展和进步，公共图书馆在弱势群体中扮演的角色也越来越重要。主要表现在以下方面。

1. 贫困家庭子女的知识桥梁

对于许多贫困家庭的子女来说，由于经济条件的限制，他们无法购买大量的学习资料和文化用品。因此，公共图书馆成为他们重要的学习场所。在这里，他们可以接触到丰富的书籍资源，拥有安静的学习环境，能够专心致志地学习，开阔视野，找到自己前进的动力。中国青少年研究中心的一项调查显示，贫困家庭子女在图书馆的阅读量明显高于其他同龄人。公共图书馆通过为这些孩子提供良好的学习条件和资源，帮助他们缩小了与同龄人的知识差距。此外，公共图书馆还定期组织阅读推广活动，引导他们形成良好的阅读习惯，培养学习兴趣。这些活动不仅提高了他们的阅读能力，还激发了他们对知识的渴望和对未来的信心。有的图书馆为贫困家庭子女设立专区，为其提供课本、参考书、课外阅读书籍等丰富的学习资源。

实际应用案例： "我无权拒绝他们入内读书，但您有权选择离开。"杭州市图书馆馆长褚树青如是说。因为从 2003 年起，杭州市图书馆就开始实行对所有读者免费开放，包括乞丐和拾荒者，图书馆对这些特殊读者的唯一要求，就是把手洗干净再阅读。这一举措推行以来，一直引起一些读者的不满。褚馆长的话在网上好评如潮，不少网友直赞这位馆长有北大遗风，杭州市图书馆也因此"火"了一把 [1]。

2. 残障人士的无障碍阅读空间

对于残障人士来说，公共图书馆更是他们不可或缺的学习和生活伙伴。残障人士面临着诸多阅读困难，如视障人士无法阅读普通文字、听障人士无法听到声音信息等。公共图书馆提供的针对性无差别服务，可以帮助他们克服这些困难。视障人士是公共图书馆的重要服务对象之一。为了满足他们的阅读需求，公共图书馆提供了盲文图书、有声读物等特殊阅读资源。这些资源不仅包括经典文学作品，还有各类实用知识和技能培训教材，以帮助他们

---

[1]　HYPERLINK "https://epaper.gmw.cn/zhdsb/html/2011-02/02/nw.D110000zhdsb_20110202_1-08.htm"图书馆向乞丐开放：为何被喝彩 - 中华读书报 - 光明网 (gmw.cn)

更好地融入社会。同时，公共图书馆还为视障人士提供了专门的阅读设备和专业导览员，确保他们在阅读过程中畅通无阻。对于听障人士，公共图书馆通过提供手语翻译、字幕提示等技术手段，使他们能够更好地理解和欣赏文学作品与影视作品。此外，图书馆还为听障人士组织了专门的阅读推广活动，如"静音电影观赏"等，让他们能够在舒适的环境中享受阅读的乐趣，全面提升弱势群体综合素质。公共图书馆不仅为弱势群体提供了丰富的图书资源和良好的学习环境，还通过举办多样化的活动帮助他们全面提升综合素质。例如，图书馆经常举办各类讲座、培训和展览活动，涉及文化、艺术、科技等多个领域，能够帮助弱势群体拓宽知识面、提升技能水平。此外，图书馆还通过开展心理咨询、职业规划指导等服务，帮助弱势群体消除和解决生活中的困扰和问题，提高他们的心理素质和生活质量。

实际应用案例：济源市图书馆联合济源市残疾人联合会共同举办"书香助残"无障碍设施体验活动，帮助残障人士走进图书馆，了解图书馆，利用图书馆获取更多知识，丰富精神生活。

图书馆工作人员和志愿者热情接待了残障读者代表，引导他们体验图书馆专门设置的无障碍停车位、无障碍通道，参观图书馆期刊阅览室、书库以及其他无障碍设施。在视障阅览室，视障读者在现场阅读了盲文图书，并在兴致勃勃地体验了视障专用语音电脑、听书机后表示："没有想到图书馆为残障读者量身打造了如此便捷宽松的阅读环境，以后一定常来看书，倡导全民阅读，建设书香济源，谁都不能落后！"

图书馆视障阅览室目前有盲文书籍 500 余册、有声读物 300 余件、智能听书机 50 部。长期以来，图书馆坚持开展"书香助残"志愿服务，建立了视障人士档案，设置了残障阅览专区，并回应残障读者需求，定期开展送书回访等活动，确保全民阅读"一个都不能少"。①

---

① HYPERLINK "http://jy.wenming.cn/wmcj/wmdw/202405/t20240516_3480342.shtml" 图书馆开展"书香助残"无障碍设施体验活动 | 济源文明网 (wenming.cn)

（二）社区文化中心

随着社会进步和城市化进程，人们越来越注重社区文化的建设。公共图书馆作为一个开放、包容的公共场所，自然应该承担起这份责任。公共图书馆可以定期举办各类社区活动，如文化讲座、艺术展览、小型音乐会等，为社区居民搭建一个文化交流的平台。这些活动不仅能丰富居民的业余生活，还能增强社区的凝聚力，推动社区的和谐发展。此外，公共图书馆还可以通过与学校、社区机构等合作，开展一系列社会教育活动，如读书俱乐部、亲子阅读、青少年夏令营等。这些活动不仅能有效地推广阅读文化，还能帮助培养下一代的阅读习惯和兴趣，为社会的长期发展奠定基础。例如，亲子阅读活动可以让家长和孩子一起分享阅读的乐趣，增进彼此的感情；青少年夏令营活动可以激发青少年的阅读兴趣，培养他们的阅读习惯和自主学习的能力。

公共图书馆作为社区文化中心，其重要性不仅体现在举办各种活动上，还体现在它作为一个知识宝库的作用上。公共图书馆收藏了各种类型的书籍、报纸、杂志等文献资料，为社区居民提供了丰富的知识资源。同时，公共图书馆还提供了一个安静、舒适的学习环境，让人们可以在这里静心阅读、学习和研究。公共图书馆在社会公平与进步中的责任是多方面的。它不仅要为所有群体提供平等的阅读和学习机会，还需要作为社区的文化中心，推动文化的传播和社区的发展。这是一个长期且艰巨的任务，但对于社会的和谐与进步意义重大。

实际应用案例：据不完全统计，上海已建设 219 家遍布全市的街镇图书馆。这些图书馆是社区公共服务的一部分，也是公共图书馆体系向城市每个角落的延伸。一头连着社区生活的柴米油盐，一头连着知识和思想的源头活水，许多社区图书馆已成为居民重要的生活空间。在虹口区，公园图书馆和平书院今年 4 月开业。在附近居民看来，它虽属虹口区图书馆分馆，却已深度嵌入他们的社区生活之中，成为附近社区居民学习、休闲的生活空间。早 9 时开业，每天 8 时就有不少附近社区居民来等着买早餐了。点一杯咖啡、捧一本图书，在家门口感受岁月静好。在工作日，店里日销咖啡100多杯；在周末、节假日，日销咖啡达300多杯。①

综上所述，在知识经济时代，公共图书馆通过阅读推广活动为大家提供了获取知识、提高素质的重要途径。它们不仅为人们提供了宝贵的阅读空间和丰富的书籍资源，还通过举办各种活动来激发人们的阅读兴趣，培养人们良好的阅读习惯。在这个过程中，公共图书馆还为读者提供了一个接触多元文化、开阔视野的平台，让读者能够不断地充实自己、提升自己。为了更好地满足读者的需求，公共图书馆也在不断地进行自我完善和创新。

四、提高公众阅读的实践者

（一）提高阅读率

2023年我国0—8周岁儿童人均图书阅读量为10.71本，阅读率为73.8%；9—13周岁少年儿童人均图书阅读量为10.43本，阅读率为99.4%；14—17周岁青少年的课外书阅读量为13.71本，阅读率为90.7%。0—17周岁未成年人图书阅读率为86.2%，较2022年的84.2%提高了2个百分点。人均图书阅读量为11.39本，较2022年的11.14本增加了0.25本。人均每天阅读纸质图书35.69分钟，阅读率的提高，公共图书馆起到了不可或缺的作用。通过精心策划的、有针对性的阅读推广活动，如引人入胜的读书沙龙、寓教于乐的亲子阅读活动等，公共图书馆成功地吸引了各个年龄层的市民前来参与。这些活动不仅有趣，而且富有启发性，使人们充分认识到了阅读的价值，有利于培养他们的阅读兴趣。读书沙龙活动邀请作家、学者和读者分享他们的见解和心得，让参与者能够深入了解书籍的内涵和价值。亲子阅读活动则强调了家庭阅读的重要性，通过与孩子们一起读书、互动，家长们不仅与孩子们建立了更紧密的关系，还培养了孩子们的阅读习惯。这些活动不仅有助于提高整

---

① 解放日报，2024年7月7日报道，https://baijiahao.baidu.com/s?id=1803915239121347443&wfr=spider&for=pc

体的阅读率，还会对个人和社会产生深远的影响。为了更广泛地推广阅读，公共图书馆还积极与社会各界合作，如与学校、社区、企事业单位等共同举办读书活动，扩大阅读推广的影响力。同时，公共图书馆充分利用现代科技手段，如互联网、社交媒体等，宣传和推广阅读活动，让更多的人了解和参与阅读。2023 年我国城镇成年居民对居住的街道附近有公共图书馆、社区阅览室 / 社区书屋 / 城市书房、报刊栏、书店、绘本馆等至少一种公共阅读服务设施的知晓率为 53.4%，其中，有超过四成（42.8%）的城镇居民表示在所住街道附近有书店，有 31.6% 的人表示在所住街道附近有公共图书馆。有超三分之一（35.9%）的人表示使用过书店；有 15.5% 的人表示使用过公共图书馆；分别有 13.2% 和 10.7% 的人表示使用过社区阅览室 / 社区书屋 / 城市书房和报刊栏；还有 4.8% 的人表示使用过绘本馆。在使用过以上公共阅读服务设施的城镇成年居民中，公共图书馆的使用满意度最高。[①] 总之，通过有针对性的、有趣的阅读推广活动，公共图书馆成功地吸引了各个年龄层的市民走进图书馆，培养了他们的阅读兴趣，提高了整体阅读率。

（二）改善阅读品质

在信息时代，书籍仍然是人们获取知识和提高自身素质的重要途径。然而，面对琳琅满目的书籍，如何选择高品质的书籍、如何更好地理解和品味这些书籍成为许多读者面临的难题。为了解决这些难题，有人提出了通过一系列的活动和方法，帮助读者"品书"的概念。公共图书馆会通过精心挑选来推荐高品质的书籍，引导读者选择优秀的作品。这些作品不仅包括经典的文学作品，还包括具有时代特色的当代作品，以及能够启迪思维、增长知识的社科类和科普类书籍。为了确保推荐书籍的质量，公共图书馆可以进行更加深入地调研和评估，并邀请专业人士和资深书评人进行审查和推荐。之后再通过举办专家导读活动，让读者更深入地理解和品味书籍。在导读活动中，还可以邀请相关领域的专家学者对选定的书籍进行深入解读，帮助读者把握

---

① 4.75 本、23.38 分钟！国民阅读调查最新报告［N］湖南日报，2024.4.23.

书籍的主题思想、文学风格和艺术价值。同时，公共图书馆可组织读者进行讨论和交流，鼓励他们分享自己的阅读体验和感悟。公共图书馆可通过这些活动和方法推广经典文献和优秀文化作品，可使读者在阅读中得到思想的碰撞和心灵的滋养。碎片化阅读是当下网络阅读的主流，而只有深入地品味和理解书籍，才能真正发挥书籍的价值和意义。因此，将公共图书馆"品书"的理念传播给更多的读者，能够有效弥补网络阅读的缺陷，让他们在阅读中获得更多的收获和成长。"品书"不仅是一种阅读方式，更是一种生活态度和文化追求。希望通过全民的努力，能让更多的读者品味到高品质书籍的独特魅力，并在阅读中得到思想的碰撞和心灵的滋养。

第三节　阅读在公共图书馆中的地位

公共图书馆作为社会文化的璀璨明珠和社区的文化磁场，在现代社会中的角色举足轻重。它不仅是一个借阅图书的地方，更是一个集学习、交流、娱乐于一体的文化中心。其中，公共图书馆的阅读功能无疑是其核心中的核心，它为社区居民提供了一个丰富多彩的阅读世界，满足了人们的精神需求，促进了社区的文化发展。

一、阅读：公共图书馆的基石

在信息化、数字化的时代，网络、电视、手机等渠道已经成为人们获取信息的主要途径。尽管如此，公共图书馆仍始终屹立不倒，并且在社区与文化生活中发挥着举足轻重的作用。这是因为公共图书馆一直坚持提供阅读服务，阅读始终是公共图书馆的基石。

（一）阅读是公共图书馆的核心服务

公共图书馆自其诞生之初，便将阅读置于核心地位。所有服务、培训、创新都是围绕着给读者提供更便捷的借阅和更良好的阅读环境进行。这不仅是因为书籍是知识的载体，更是因为阅读本身就是一种精神追求和生活方式。为大众提供一个专门的空间，让人们暂时逃离日常生活的繁忙与城市的喧嚣，是公共图书馆的初衷。这样的场所，不仅仅是四壁之间的空间，更是一种心境的象征。走进公共图书馆，常常能够感受到那种特有的宁静与和谐。

　　阅读是人类理解和感受世界的一个渠道。人类在进行阅读的过程中，不断在联想、分析、判断，在这个过程中，与作者隔着时空进行思维的互动，丰富着自己的精神世界，填补着人生的拼图，对很多人而言，沉浸在书的世界中是一种心灵的归宿。公共图书馆为人们提供了这样的机会，它像是一个蕴藏着各种各样的知识和故事的宝藏，无论你的兴趣在哪里，在这里总能找到与你匹配的书籍，满足你的阅读欲望。更重要的是，公共图书馆希望每一个走进这里的人，都能找到那份属于自己的阅读乐趣。阅读，可以是一个人的旅行，可以是与古人的对话，更可以是探索未知世界的起点。公共图书馆就是希望成为每一个读者旅行的起点，与他们一同探索、一同成长。

（二）阅读与公共图书馆的共同发展

　　随着社会的进步和科技日新月异的发展，公共图书馆这一文化地标经历了巨大的转型和变革。公共图书馆的服务形式在不断适应时代需求的同时，也在始终坚守着"阅读"这一核心。

　　回溯历史长河，古代的藏书楼便是图书馆的雏形。那时，藏书楼主要收藏珍贵古籍，为文人墨客提供借阅、抄书、研读之所。这里的阅读，更多的是对古典文学、历史和哲学的深入探究。

　　时间推进到近代，公共图书馆逐渐开放给更广大的民众。这时的公共图书馆不仅仅是藏书之地，更成为知识和文化的传播中心。阅读的内容也变得更加丰富多样，涵盖了小说、科学、艺术等众多领域。公共图书馆开始根据读者的需求不断调整自己的藏书结构，确保每个人都能在这里找到自己喜爱的读物。

　　现代社会，科技的力量进一步改变了人们的生活方式，也影响了公共图书馆的服务模式。电子阅览室的出现，让阅读不再局限于纸质书籍。人们可以通过电子设备轻松浏览海量的电子书籍、报纸和杂志。这种数字化的阅读方式极大地丰富了阅读的途径和内容。无论公共图书馆的服务形式如何变化，阅读始终是其不变的核心。公共图书馆始终致力于为人们提供知识与文化的滋养。为了更好地满足现代人的阅读需求，图书馆也在不断地与时俱进，优化自己的服务模式。例如，推出线上预约、电子导览、远程借阅等服务，让读者更加方便，让阅读更加无障碍。

无论社会如何进步，科技如何发展，公共图书馆始终围绕"阅读"这一核心进行着自我调整和创新。它不仅是知识的海洋，更是文化与阅读的守护者和推动者。阅读作为公共图书馆的基石，不仅是获取知识的手段，更是一种生活的方式、一种人生的态度。在公共图书馆的引导下，人们可以在知识的海洋中尽情遨游，体验不同的人生、感受不同的文化、思考不同的问题。这种体验与感受将使人们更加珍视生活、更加热爱文化、更加追求知识。因此，即便在数字化阅读日益普及的今天，公共图书馆依然发挥着不可替代的作用。它不仅是人们获取知识的场所，更是人们感受文化、体验生活、追求美好的重要空间。

（三）公共图书馆有培养民众阅读习惯的使命

对于社会而言，阅读是一种重要的文化传承和发展的手段，是推动社会文明进步的力量。公共图书馆作为知识的殿堂，承载着推动阅读、传播文化、服务社会的重要使命。公共图书馆作为阅读的推动者，通过各种方式鼓励和培养人们的阅读习惯。公共图书馆在推动全民阅读方面扮演着重要的角色。公共图书馆通过丰富多样的图书资料，满足各年龄层、各种兴趣爱好的读者的需求。还根据读者追求时效性等需求，定期更新和扩充馆藏，确保读者能够接触到最新的知识和信息。同时，公共图书馆也起到了筛选和推荐的作用，有意识地引进一些优秀的作品或者一些能够引发思考的争议性作品，由此来引导读者往精神世界的深层次行进。

除了提供丰富的图书资源外，公共图书馆还通过举办各种阅读推广活动，引导读者走进书籍的世界，享受阅读的乐趣，从各种角度理解作者或者其他读者的思维。这些活动让读者不仅有机会深入了解自己喜欢的书籍，还能结识志同道合的其他读者，拓展自己的社交圈子，更重要的是，它能够锻炼思维，提升认知，让读者在轻松愉快的氛围中学习新知识，开阔新视野，从而爱上阅读。

公共图书馆更是一个文化传播中心。通过精心组织的阅读推广活动，将世界各地的文化、思想、艺术等多元内容展现给读者。这些阅读推广活动鼓励人们走出家门，去主动了解和接纳不同的文化，从而拓宽视野，增强文化自信。在这个过程中，公共图书馆不仅提供了一个平台，更是扮演了引导者的角色，帮助读者打开视野，让读者看到更广阔的世界。

二、阅读：培育文化凝聚力的关键

公共图书馆不仅是一个文化的传播者，还肩负着传承本地文化、弘扬民族精神的使命。在这个全球化时代，公共图书馆通过收集、整理、展示本地文献和历史文化资料，让读者能够深入了解和热爱自己的文化根源。这是对本地文化的尊重和传承，也是对民族精神的弘扬和延续。例如，中国的公共图书馆经常邀请文化学者、历史学家来为读者讲解中国的传统文化和历史，如有关四书五经、诸子百家、唐诗宋词的讲座，帮助读者更深入地理解古典文化的魅力。一些公共图书馆会举办民俗手工艺工作坊，教授读者如何制作传统的中国结、剪纸、泥塑等，这不仅让读者亲身体验了传统的手工艺，还传承了这些宝贵的民间技艺。古籍修复展示，针对古籍修复这一重要但日渐式微的技艺，部分公共图书馆会邀请修复师进行现场展示，让读者了解古籍的珍贵性以及修复它们的重要性。传统节日庆祝活动，在春节、端午、中秋等传统节日，公共图书馆组织相关庆祝活动，如写春联、包粽子、赏月诗会等，让读者更深入地体验和了解传统节日的文化内涵。历史图片与文物展览，公共图书馆与博物馆、档案馆等合作，举办与历史、文化相关的图片和文物展览，如"百年中国历史变迁"图片展、古代瓷器展等。地方文化挖掘特别是地方性的公共图书馆，侧重于挖掘和传播本地的特色文化。例如，关于当地古建筑、地方戏曲、民间传说等的讲座和展览。经典诵读活动，为了推广经典诵读，一些公共图书馆会定期举办《论语》《大学》《中庸》等经典诵读活动，鼓励人们回归传统，多读经典。通过开展这些丰富多彩的活动，公共图书馆不仅为人们提供了一个学习和阅读的场所，更成为传承、传播中华文化的重要载体和平台。这些活动对于增强读者对自己文化的认同感和自豪感，促进不同文化间的交流和理解，都具有不可替代的作用。

在信息化、全球化的时代背景下，文化的凝聚力和文化培育显得尤为重要。这种凝聚力和文化培育不仅是一种地域性的认同，更是一种共享的价值观、信仰和传统。在这个过程中，阅读起到了至关重要的作用。

首先，阅读是文化传承的主要手段。对于任何一个族群来说，其背后的文化都是历史的积淀和先人智慧的结晶。无论是古籍等历史文献，还是现代的文学作品，只有通过阅读，成员才能够深入了解自己的文化根源。只有真正了解自己的文化，成员才能有更高的文化自觉，进而对族群产生认同感。

其次，阅读有助于文化凝聚力的增强。在多元化的社会中，不同的个体、家庭、群体都有自己的特点和背景，而阅读可以成为他们之间的桥梁。例如，当族群成员共同阅读一本书、参与一次读书会时，他们会在讨论和分享中增进彼此的了解。这种基于共同兴趣的阅读活动，不仅能够拉近人与人之间的距离，还能够为族群创造一个和谐、包容的氛围。

最后，阅读也有助于文化的创新和发展。一个充满活力的文化不仅需要传承，更需要有创新的思维和发展的眼光。通过阅读，成员可以接触到更多的知识和信息，为自己的思维和行动提供灵感。而这种创新的力量将会成为文化发展的重要驱动力。

第三章　阅读推广的理论基础

第一节　阅读推广概述概念与定义

一、阅读推广的概念与定义

（一）阅读推广的概念

阅读推广是一种旨在激励和引导人们积极开展阅读的经过精心组织和策划的社会活动。阅读推广的目的是提高人们对阅读的兴趣和热情，培养人们良好的阅读习惯，并提高阅读的质量。阅读推广的核心理念是阅读对于个人和社会的重大价值和意义。阅读推广活动旨在通过各种策略和手段将阅读的深远影响传递给公众。

阅读是一种重要的知识获取方式，通过阅读，人们可以了解各种不同的思想、文化和价值观。阅读还可以帮助人们提高语言表达能力、扩展视野、增强思维能力和创造力。因此，阅读推广活动有利于提高人们的阅读素养和文化水平。阅读推广的策略和手段包括阅读推荐、阅读活动、阅读教育等。阅读推荐是指向读者推荐适合他们的阅读材料，帮助他们选择适合自己的书籍。阅读活动是指组织各种有趣的阅读活动，如读书会、阅读分享会、阅读比赛等，以激发人们的阅读兴趣和热情。阅读教育是指通过阅读教育课程和活动，帮助人们掌握阅读技巧和方法，并提高他们的阅读能力和质量。

阅读推广活动的目标人群包括儿童、青少年、成年人和老年人等。对于儿童和青少年来说，阅读推广活动可以帮助他们养成良好的阅读习惯，提高他们的语言表达能力和思维能力。对于成年人和老年人来说，阅读推广可以帮助他们提高阅读素养和文化水平，促进个人发展和社会进步。

（二）阅读推广的定义

阅读推广是一种通过多种方式促进阅读的普及和深入的社会行为。它不仅向人们推荐好书或者提供阅读资源，更是通过创造阅读环境和加强阅读指导等多种方式，来激发人们的阅读兴趣和热情，提高阅读的质量和效果。其目标是构建一个书香社会，使阅读成为人们日常生活的重要组成部分。

在书香社会中，阅读不仅是一种获取知识的方式，更是一种生活方式和文化追求。通过阅读推广，人们可以了解各种不同的思想、文化和价值观，提高语言表达能力、扩展视野、增强思维能力和创造力，促进个人发展和社会进步。

首先，阅读推广作为一种文化行为，具有深厚的文化底蕴和意义。它是文化传承的重要途径，通过推广优秀的阅读作品，能够传承和弘扬民族的优秀文化传统，保护和繁荣民族文化的多样性。阅读推广不仅能够让公众接触到更多的优秀文化作品，还能提高公众的文化素质和审美水平，使人们在阅读中感受文化的魅力，增强对民族文化的认同感和自豪感。

其次，阅读推广是一种教育行为，具有深远的教育意义。它通过引导读者选择高质量的读物，帮助读者深入理解和消化读物内容，从而锻炼读者的思考能力和判断力。这种教育方式不仅能够提升读者的阅读能力和阅读素养，还能够培养读者的自主学习能力和终身学习习惯。因此，阅读推广对于促进教育公平、提高教育质量、培养创新型人才等都具有重要的作用。

最后，阅读推广还是一种社会行为，对于社会的和谐发展具有重要的意义。它能够加强人与人之间的交流，通过分享阅读体验和感悟，增进人与人之间的相互理解和尊重。阅读推广还能够推动社会的知识创新和文化进步，激发社会的创造力和活力，为社会的进步和发展提供强大的精神动力和文化支撑。理解阅读推广需要从多个角度进行思考和探讨。它不仅是简单鼓励人们多读书，更是有利于文化素养的提升、教育功能的实现以及社会和谐的推动。因此，应当从战略高度重视阅读推广工作，积极推动阅读推广工作的全面深入开展，从而为个人和社会的全面发展注入强大的动力和活力。

（三）阅读推广的目标

1. 提升人们的阅读兴趣，培养人们的阅读习惯

阅读推广的首要目标是激发大众的阅读兴趣，培养人们定期阅读的习惯，使阅读成为人们日常生活中不可或缺的一部分。为了实现这一目标，阅读推广需要借助各种手段和策略，如举办阅读活动、推荐优秀图书、提供优质阅读环境等，以吸引人们的注意力，激发他们的阅读兴趣和热情。同时，阅读推广需要鼓励人们养成定期阅读的习惯，如每天读书半小时、每周读一本书等，让阅读成为人们日常生活中的一部分。

2. 提高人们的阅读能力和素养

阅读推广的第二个目标是提高人们的阅读能力和素养。推广优秀文学作品，引导读者深入理解读物，增强人们的批判性思考，从而提高人们的阅读能力和素养。阅读能力和素养不仅仅是指阅读速度和理解能力，更包括对文学作品的鉴赏能力、批判性思维能力和文化素养等。为了实现这一目标，阅读推广需要提供优质的阅读材料和服务，如通过举办推荐经典文学作品、举办读书会、提供阅读指导等活动来帮助人们提高阅读能力和素养。

3. 传播文化与知识阅读

阅读推广的第三个目标是借助阅读这一载体，传承并弘扬民族优秀文化、普及科学知识、促进文化交流。通过阅读推广，人们可以了解各种不同的思想、文化和价值观，从而增强文化自信和认同感。同时，阅读推广可以帮助人们了解科学知识和技术发展，提高科学素养和创新能力。为了实现这一目标，阅读推广需要推广各种不同类型的阅读材料，如文学作品、历史书籍、科普读物等，以满足人们对不同领域的知识和文化的需求。同时，阅读推广需要促进文化交流和合作，增强不同文化之间的理解和沟通。

（四）阅读推广的意义

个体层面，阅读能够开阔视野、陶冶情操、提升个人素养，是个人成长

的助推器。通过阅读，个体可以了解不同领域的知识和文化，扩展视野，增强认知能力和思维能力。同时，阅读能够培养个体的情感和审美能力，提高个人的人文素养和道德修养。此外，阅读还能够缓解压力，减轻心理负担，提高个体的心理健康水平。因此，阅读推广对个体的成长和发展具有重要的意义。阅读推广可以培养出知识更加丰富、思维更加开阔、文化素养更高的未来公民。阅读推广能够帮助年轻人获得广泛的知识，了解不同领域的观点和思想，培养年轻人的批判性思维和创新能力。此外，阅读推广还能够培养人们的跨文化交流能力和全球视野，提高人们的文化素养和国际竞争力。阅读推广可以引导年轻人形成正确的价值观和人生观，培养年轻人积极向上的品格和行为习惯。通过阅读推广，人们能够培养终身学习的意识和习惯，促进个体的全面发展和自我价值的实现。

社会层面，阅读有助于增强社会凝聚力，推动社会文明进步，提高整体国民素质。通过阅读，人们可以了解不同文化和价值观，增强文化自信和认同感，促进社会的和谐稳定。同时，阅读能够提高社会公民的素质和道德水平，增强社会责任感和使命感。不仅如此，阅读推广还可以促进社会文化创新和发展，推动社会文明进步，提高整体国民素质。在学习型社会中，阅读推广能够促进信息共享和知识交流，激发全社会的创新活力和竞争力，从而不断提升国民的综合素质和竞争力，推动社会的可持续发展。同时，阅读推广对于建设文化强国具有重要意义。文化强国是指一个国家在文化领域具有较高的软实力和国际影响力。通过阅读推广，能够培养国民的文化自信和文化认同，增强国家的文化凝聚力。最后，阅读推广能够促进文化产业的发展，促进文化创意产业和文化旅游业的繁荣，为国家经济发展注入新动力。建设文化强国需要全社会的共同努力，而阅读推广作为其中重要的组成部分，能够为实现这一目标做出积极贡献。

文化层面，阅读是文化传承的重要途径，能够促进民族文化的延续和创新。通过阅读，人们可以了解和传承民族文化，促进文化传承和创新。同时，阅读也能够促进不同文化之间的交流和融合，增加文化多样性、提高文化包容性。阅读推广对文化的传承和发展具有重要意义，有利于促进文化的繁荣和发展。首先，阅读推广是文化传承的重要途径。推广经典文学作品、优秀文化传统作品和重要历史文献作品，能够将文化遗产代代相传，保护和弘扬民族的文化根基。通过阅读经典作品，人们能够深入了解历史、文化和社会，感受前人智慧的结晶，培养对传统文化的尊重和热爱。同时，阅读是创新的源泉。通过阅读各类文学作品、科技资讯和学术论文，人们可以获取新知识、拓宽思维视野、激发创造力和创新思维。推动社会的科技进步和文化创新。其次，阅读推广对于建设学习型社会至关重要。学习型社会强调个体和社会的持续学习与知识更新。阅读推广不仅对于提高国民的阅读素养和文化素质具有重要意义，也是文化传承和创新、建设学习型社会和文化强国的关键途径。应当高度重视并进行持续的阅读推广工作，为个体和社会的发展搭建坚实的阅读基础，推动国家的全面进步和繁荣。

二、阅读推广的形式和内容

（一）阅读活动

1.读书会

读书会作为一种经典的阅读推广形式，一直以来都备受推崇。它不仅为读者提供了一个定期交流和分享阅读体验的平台，还能够深化人们对经典名著的理解和思考。例如，在某个社区，一群热爱阅读的居民自发组织起了一个每月一次的读书会活动。每次活动，他们都会共同选择一本经典名著作为阅读对象，并在会上进行集体阅读和讨论。这种阅读方式不同于个人的独立阅读，它能够促进参与者观点的交流，激发参与者之间思维的碰撞。在读书会活动中，参与者纷纷分享自己的阅读心得和体验。他们对于书中的情节、人物形象等各个方面展开深入的探讨，通过不同的解读和理解拓宽彼此的视野。这种交流不仅能够增进参与者之间的友谊，更能够丰富参与者的思想，提升参与者阅读的深度。再如，某次读书会选择《1984》这本经典的反乌托邦小说，引发了参与者们的热烈讨论。在会上，大家对于书中的反乌托邦社会进行了深入的分析和思考，探讨了权力、自由等当代重要议题。参与者们结合现实生活，反思当代社会现象，进一步加深了对小说背后寓意的理解。通过这次读书会活动，参与者们不仅更加深入地了解了《1984》这部经典作品，也对现实社会中的相关问题有了更加清晰的认识。读书会作为一种阅读推广形式，在实际操作中具有显著的效果。它通过集体阅读和讨论的方式，促进了参与者之间的交流和理解，拓宽了参与者的视野，丰富了参与者的思想。读书会的例子充分展示了阅读推广活动的积极影响，为推广阅读文化、培养阅读习惯提供了有益的参考。

2. 阅读节 / 周

阅读节 / 周是一种具有广泛影响力的大规模阅读推广活动，通常由国家、地区或图书馆等机构组织举办。活动的目的是激发人们的阅读兴趣，推广优秀的文学作品，并促进阅读文化的传承和发展。由于阅读节 / 周规模庞大，能够吸引大量读者参与其中。活动期间，组织者会邀请众多作家、学者前来举办讲座、签售等活动，与读者进行亲密互动。这不仅能够让读者近距离接触到自己喜爱的作家，还能够通过他们的分享更深入地了解创作背后的故事。同时，在阅读节 / 周期间，图书馆还会推出精彩的书籍展览活动和推荐书目。这些展览活动和推荐书目通常会围绕某一主题或热点展开，引导读者走进丰富多彩的阅读世界。通过这种方式，读者可以发掘更多符合自己兴趣的优质书籍，拓展阅读的广度和深度。例如，某著名作家受邀前来举办讲座。在讲座中，他分享了自己的创作心得和阅读体验，讲述了自己如何通过观察生活、体验人生来获得灵感以及阅读对自己创作的影响和帮助。该作家的讲座吸引了上千名读者参与，现场氛围热烈而庄重。许多读者表示，通过该作家的分享，他们对阅读和创作有了更深刻的理解和感悟。

3. 朗诵会

朗诵会是一种别具一格的阅读推广方式，它赋予了文字以声音，让阅读不再局限于静默的眼神与纸页间的交流。在朗诵会上，诗歌、散文等文学作品通过朗诵者的声音演绎，将其中的情感和意境传递给听众，创造了一种与众不同的阅读体验。与普通的阅读方式不同，朗诵会更加注重声音的表现力和情感的传达。朗诵者会运用不同的语调、语速和声音，将文字中的喜怒哀乐、思绪起伏淋漓尽致地展现出来。他们通过娴熟的声音控制和感性的演绎，将文学作品中的韵律、节奏和美感完美地呈现给听众。例如，一次朗诵会上，一位朗诵者选择了杜甫的《春望》进行演绎。他通过深情而激昂的朗诵，将诗中描绘的春天景色和诗人的情感表达得淋漓尽致。听众仿佛置身于杜甫笔下的春日长安，感受着大自然的壮美与人生的激情。不仅让听众欣赏到了美丽的诗歌，还让他们更深刻地理解了杜甫这位文学巨匠的情感世界。因此，朗诵会作为一种独特的阅读推广方式，不仅能够让听众通过声音感受到文学作品的美妙，还能够加深他们对作品的理解和欣赏。这种以声音为媒介的阅读体验无疑为推广阅读、传播文化提供了一种富有创意和感染力的方式。

（二）阅读推荐

1. 书单推荐

书单推荐是一种阅读推广的常见方式，它主要针对不同群体或特定主题，经过精心挑选与整理，推出一系列值得一读的书籍。这种推荐方式的目的在于引导读者选择适合自己的优质读物，拓宽阅读领域，并激发阅读兴趣。在进行书单推荐时，推荐人通常会根据特定的目标群体或主题进行筛选。例如，针对青少年群体，可以推荐一些适合他们年龄段的成长小说、科普读物或历史故事等，以培养他们的阅读兴趣，增加他们的知识储备。对于某一特定主题，如环保、历史、艺术等，推荐人则会选择与之相关的经典著作、权威教材或热门畅销书，以满足读者对于特定领域知识的需求。通过书单推荐，青少年读者可以在阅读中感受魔幻与奇幻的世界，同时获取科学知识和文化启迪。这些书籍不仅能够丰富他们的思想，也能够培养他们的阅读兴趣与习惯，为他们的成长打下坚实的基石。

2. 专家导读

面对浩如烟海的作品，许多读者会感到无从下手，或者对作品的理解只停留在表面。为了解决这一问题，公共图书馆可以邀请学者、作家等相关领域的专家，为读者导读经典作品，帮助读者深入理解作品的内涵。专家导读不仅可以帮助读者更好地理解作品，还可以引导读者从不同的角度看待问题。例如，阅读《红楼梦》时，如果没有专家的指导，读者可能会只关注宝黛之间的感情纠葛，而忽略了作品中其他人物的形象和命运。但是，如果有一位红学专家为读者导读，就可以带领读者深入探讨作品中的政治、经济、文化等多个方面的内涵，让读者对这部经典之作有更加全面、深入的理解。再如《百年孤独》《人间词话》等，这些作品不仅具有文学价值，而且蕴含着深刻的思想内涵，而专家导读正是帮助读者打开作品内涵的金钥匙。当然，专家导读并不是代替读者阅读，而是为读者提供一种新的阅读视角和思考方式。最终的阅读和理解还需要读者自己去完成。但是，有了专家的指导，读者可以更加高效地阅读，少走弯路。同时，读者可以通过与专家的交流和讨论，扩展自己的思维广度和深度。总之，专家导读是一种非常有益的阅读方式。通过专家的指导，读者可以更加深入地理解作品内涵，提高自己的阅读能力和思考水平。

3. 书评／书摘

书评／书摘是阅读推广中非常实用的手段，它们能够通过简短、精练的文字向读者传达书籍的核心内容和特色，进而激发读者的阅读兴趣。书评是对书籍进行综合评价和解读的文本。一篇好的书评不仅能够准确概括书籍的主题和内容，还能给出评论者的观点和评价，帮助读者了解该书的特点和价值。它既可以是对作品整体风格和内容的简要介绍，也可以是对其中某一特定观点、人物或情节的深入解读。书评的魅力在于，它能够通过评论者的笔触，为潜在读者提供一个初步了解书籍的机会，引发他们的好奇心，进一步点燃他们的阅读热情。例如，《简·爱》是夏洛蒂·勃朗特的经典之作。这本书不仅是一部爱情小说，更是一部女性自我觉醒与追求独立、平等的人格尊严的杰作。通过女主角简·爱从小遭受苦难，到成年后寻找真爱与自我价值的故事，读者能够深刻感受到女性在当时社会背景下的困境与挣扎。"我关心我自己。越孤独，越没有朋友，越没有人帮助，我越要自重。"这句话简短而有力，不仅展现了简·爱坚韧、独立的性格，也体现了她对自我价值的追求和维护。这样的书摘能够直接触动读者的心灵，让读者对书中的女主角和故事背景产生浓厚兴趣，进而激发读者的阅读欲望。

（三）阅读教育

1. 阅读课程

学校或公共图书馆开设的阅读课程旨在教授学生或公众如何进行有效的阅读并理解文本。这些课程通常涵盖各种阅读技巧和策略，包括提高注意力、理解文本结构、解析作者意图等。这些课程通常以多种形式进行。例如，在学校的阅读课程中，教师可能会使用教科书或精选的阅读材料作为教学载体，通过讲解、示范和引导学生进行实践，帮助他们掌握阅读和理解文本的技巧。而在公共图书馆的阅读课程中，专业的工作人员可能会以主题或兴趣领域为基础，开设一系列的讲座或工作坊，以增强公众的阅读技能和知识。

2. 阅读工作坊

阅读工作坊是为成人或儿童举办的一种集中式的培训活动，其目的是提供阅读策略、技巧的培训，并帮助参与者提升阅读能力和阅读效率。工作坊通常由专业的阅读教师、图书馆员或阅读专家主持，他们通过讲解、示范、练习和反馈等方式帮助参与者掌握各种阅读技巧和方法。在成人阅读工作坊中，可能会有快速阅读、批判性阅读、深度阅读等方面的培训。参与者可以通过练习和实践活动，提高自己的阅读速度和理解能力，学习如何批判性地分析和评价文本，以及如何进行深度阅读和思考。例如，某个公共图书馆举办了一场名为"高效阅读技巧与策略"的成人阅读工作坊。在工作坊中，专业讲师首先介绍了不同的阅读目的和阅读方法，然后通过实例演示和小组练习，帮助参与者掌握如何快速浏览文本、提取关键信息、理解文本结构等高效阅读技巧。最后，参与者还学习了如何运用批判性思维对文本进行深入分析和评价。通过这次工作坊，参与者们不仅提升了自己的阅读能力，还获得了更多阅读策略和技巧的应用方法。儿童阅读工作坊则更注重培养孩子们的阅读兴趣和阅读习惯。工作坊通常会选择适合儿童年龄段的图书和阅读材料，通过互动式游戏、角色扮演、绘画等活动帮助孩子们更好地理解和表达文本内容。

三、公共图书馆如何进行阅读推广

（一）加强推广和宣传力度

公共图书馆可以通过各种渠道和形式进行阅读宣传。比如社区宣传栏就是一个很好的平台，可以将阅读的重要性和价值以文字、图片、海报等形式展示出来，让社区成员在日常生活中感受到阅读的存在和价值。其次，社交媒体也是一个非常有效的宣传渠道，可以利用社交媒体平台，如微博、微信、抖音等，发布有关阅读的推广信息和活动，吸引更多的成员参与阅读活动。还可以通过文艺演出等形式，将阅读的乐趣和价值以更加生动形象的方式呈现给社区成员，激发他们的阅读兴趣和热情。除了注重宣传渠道和形式的选择，还需要注重宣传内容的创作和设计。在宣传内容中，可以加入一些吸引人的元素，如引人入胜的故事情节、具有启发性的阅读经验、生动形象的阅读场景等，让社区成员在阅读宣传内容的过程中感受到阅读的魅力和价值。

（二）加强图书馆与社区的互动与合作

为了更好地推广阅读，公共图书馆可以与社区组织、企事业单位等合作开展各类阅读活动，让更多的社区居民参与到阅读中来。首先，公共图书馆可以与社区组织合作开展亲子阅读活动。这种活动可以促进家长和孩子之间的交流和互动，培养孩子的阅读兴趣和习惯。其次，公共图书馆可以与企事业单位合作开展读书俱乐部活动。这种活动可以让员工在繁忙的工作之余，通过阅读、讨论书籍内容的方式，放松身心、开阔视野。在活动中，员工可以分享自己的阅读心得和感悟，也可以通过讨论书籍的内容增进同事之间的交流和了解。最后，公共图书馆可以为企事业单位提供定制化的阅读服务，根据员工的需求和兴趣推荐适合他们的书籍，提高员工的综合素质和工作效率。

（三）制定行之有效的阅读推广措施

1. 提供指导

通过开展阅读指导、读书分享会等活动，可以引导读者养成良好的阅读习惯和营造社会共读氛围。在社区建立读书角、读书驿站等场所，可以让读者随时随地借阅书籍，从而满足他们的阅读需求。在这样的氛围下，读者可以相互交流、分享阅读心得，从而更好地理解书籍内容。同时，这些活动和场所还可以为社区的文化建设做出积极贡献，促进社区的和谐发展。

2. 奖励与激励

为了激发读者参与阅读推广活动的积极性和热情，提供奖励和激励是非常有效的手段。这些奖励和激励可以是图书奖、阅读积分等，让读者在参与活动的同时，也能获得一些实质性的回报。图书奖是一种非常吸引读者的奖励，它可以让读者在参与活动的过程中有机会赢得自己喜欢的书籍。这不仅能够激发读者的阅读兴趣，还可以让他们更加关注和参与阅读推广活动。阅读积分则是一种更为普遍的奖励方式，它可以让读者在参与活动时，根据阅读时长、阅读篇数等获取相应的积分。积分可以在一定的范围内兑换一些小礼品或者优惠券等，这种奖励方式可以让读者更加注重阅读的质量和数量，同时可以让他们更加珍惜和关注阅读推广活动。除了以上两种奖励方式，还可以根据读者的不同需求和喜好设置更多的奖励和激励方式。例如，设置旅游券、电影票等奖励，让读者在参与活动的同时，能享受到更多的娱乐和休闲。在实施奖励和激励的过程中，需要注意以下几点：首先，奖励和激励的方式要多样化，以满足不同读者的需求和喜好。其次，奖励和激励的门槛要适当，不要让读者觉得难以企及，同时要有一定的挑战性，让读者有更多的参与感和成就感。最后，奖励和激励的发放要及时、公正、透明，让读者能够及时获得奖励和激励，也要让他们知道为什么能够获得这些奖励和激励。通过提供奖励和激励的方式，可以让读者更加积极地参与阅读推广活动，提高他们的阅读兴趣和质量。同时，这种奖励和激励的方式能够促进读者的忠诚度和黏性，为图书馆带来更多的读者。

3. 创新活动形式

采用创新的活动形式，如线上阅读挑战、阅读马拉松等，吸引读者的兴趣和参与，可以提高阅读推广的效果。例如，某社区图书馆组织的"阅读马拉松"活动，就是一场别开生面的读书盛宴。活动邀请了社区内的读者们前来参加，活动规则是在固定的时间内连续阅读，看谁能够在规定的时间内读最多的页数。活动现场充满了阅读的热情和竞争的氛围，读者们纷纷展示出自己的阅读实力和耐力。在活动现场，除了激烈的阅读比赛，还有丰富多彩的互动环节和游戏，增加了活动的趣味性。这些互动环节和游戏不仅让读者们放松了心情，还加深了他们对所阅读书籍的理解和感受。

4. 便于参与

提供便捷的阅读推广活动参与方式，例如，允许在线报名、电话报名等，以方便读者参与阅读推广活动。

四、阅读推广的实践和效果

（一）制定阅读推广计划

制定一个阅读推广计划是一个复杂而细致的过程。为了确保该计划的有效性，必须考虑多个因素，包括目标人群、要推广的读物类型、推广渠道以及整个推广活动的时间表等。下面详细介绍阅读推广计划的制定与实施过程。

1. 确定目标人群

首先，要明确推广活动面向的目标人群。例如选择青少年作为目标人群。这个年龄段的人群通常对奇幻、冒险类小说感兴趣，同时也需要一些与教育相关的读物。因此，可以针对这一特点选择与奇幻、冒险和教育相关的图书进行推广。比如《哈利·波特》系列或与之相似的奇幻小说，或者一些受欢迎的青少年自助励志书籍。这些读物类型通常能够引起他们的兴趣，激发他们的阅读欲望。公共图书馆通过与出版机构合作，可以获得这些热门读物，并通过举办相关活动来吸引更多青少年参与阅读。

2. 确定推广渠道

青少年通常活跃在社交媒体上，因此线上渠道是一个重要的推广方式。可以在社交媒体平台上发布有关推荐读物的内容，与读者互动并引导他们参与讨论。另外，与学校图书馆、线下书店合作设立专区展示推荐的青少年读物，并举办读书分享会、作者见面会等线下活动，与青少年读者进行面对面交流。为了确保推广活动的顺利进行，需要制定一个详细的活动时间表。例如，可以在开学季节开始推广活动，并规划在一学期内进行多次线上线下活动。提前安排每个月在社交媒体上发布推荐读物的内容，每两个月举办一次线下读书分享会等。通过这样的时间表可以保证推广活动有序进行，并在整个学期中持续吸引青少年的关注。

（二）合作与伙伴关系

与各种机构建立合作关系，可以有效地扩大阅读推广的覆盖面和影响力，提高活动的效果和知名度。首先，与当地政府合作是最常见的合作方式。利用政府资源举办阅读推广活动，可以充分利用公共场地和资源，吸引更多的读者参与。其次，与学校合作也是一种有效的合作方式。学校是培养学生的重要场所，也是传播知识和文化的重要载体。与学校合作，可以将优质的图书推荐给学生，帮助他们拓宽视野、提高综合素质。同时，学校还可以提供场地和人力资源，协助举办各种阅读推广活动，提高活动的效果和影响力。再次，与社区中心合作也是一种重要的合作方式。社区中心是社区居民的重要聚集地，与社区中心合作，可以在社区层面进行推广，让更多的居民了解和参与阅读推广活动。提高活动的效果和知名度。最后，与出版机构合作也是一种非常重要的合作方式。出版机构是图书出版和发行的重要环节，与出版机构合作可以获得更多的图书资源和作者支持。同时，出版机构还可以提供专业的编辑和设计服务，帮助提高活动的效果和质量。

总之，在推广阅读的过程中，建立合作关系至关重要。通过与各种机构建立合作关系，可以充分利用其资源和场地优势，提高活动的效果和知名度。此外，还可以通过合作实现共赢，共同推动阅读事业的发展。

（三）多样化推广方式

阅读推广不应局限于某一种方式。

数字时代，人们获取信息的途径多种多样，阅读推广的方式也应与时俱进。

线下推广方面，读书俱乐部和阅读分享会是传统且有效的方式。这些活动通常由图书馆、学校或社区组织，邀请读者分享自己的阅读体验、推荐书籍，甚至进行讨论和交流。

线上推广方面，社交媒体和书评网站是新兴且具有潜力的渠道。社交媒体，如微博、微信等，拥有庞大的用户群体和广泛的信息传播能力，可以为阅读推广提供更广阔的平台。书评网站如豆瓣、亚马逊等，则可以让读者更方便地了解书籍的评价和推荐信息，从而更好地选择适合自己的读物。这些线上平台还可以通过大数据分析读者的阅读习惯和兴趣，为读者推荐更精准的阅读资源。

除了读书俱乐部、阅读分享会、社交媒体和书评网站等推广方式外，还可以通过其他途径进行阅读推广。例如，举办阅读讲座、推出阅读计划、发布电子书等。这些方式都可以为读者提供更多的选择，满足不同读者的阅读需求。

阅读推广不应局限于某一种方式，而应与时俱进地采用多种方式进行推广。这样可以更全面地满足读者的阅读需求，提高读者的阅读兴趣和阅读能力。

（四）针对性推广策略

在社会中，不同的群体有着不同的阅读需求和兴趣。

对于儿童来说，他们的阅读需求通常与娱乐、学习和成长有关，而儿童的天性是爱玩、坐不住，且容易受到外界因素影响，注意力集中时间短。为他们选择的书籍不仅需要促进他们的身心发展，还需要能够激发他们的阅读兴趣。为了吸引儿童的注意力，可以采用寓教于乐的方式，将教育与娱乐相结合。例如，通过游戏和互动的方式引导他们阅读，让他们在轻松愉快的氛围中学习知识。此外，还可以选择那些具有丰富插图和简单文字的书籍，以帮助他们更好地理解内容。

对于青少年来说，他们正处于青春期，对生活充满了好奇和探索的精神。因此，可以推荐一些与他们的生活和情感贴近的读物，如青春小说、科幻小说等。这些书籍不仅可以满足他们的好奇心，还可以帮助他们了解自己和他人，促进他们的情感成长。

对于成人来说，他们的阅读需求更加多样化。有些人可能希望通过阅读来提高自己的专业技能，有些人可能希望找到一些能够放松心情、缓解压力的读物。因此，可以根据不同的职业和生活方式推荐一些相关的书籍。例如，对于程序员可以推荐一些关于编程和计算机技术的书籍，对于商务人士可以推荐一些关于商业策略和管理的书籍。

总之，针对不同的群体，应该推荐不同的阅读材料和方式。通过深入了解他们的需求和兴趣，为他们提供更加优质的阅读体验。

（五）评估工具与数据收集

为了准确了解一场阅读推广活动的实际效果，需要在活动开始前就设定好评估的标准和工具。这不仅可以帮助公共图书馆收集到客观、真实的数据，还可以使评估工作更具针对性和实效性。

首先，需要明确评估的标准。这些标准应该与活动的目标紧密相关。例如，提高品牌知名度、增加销售额、增强消费者对产品的认知等。在设定标准时，需要充分考虑活动的性质和目标受众的特点，以确保评估标准具有代表性和可操作性。其次，选择合适的评估工具。这些工具可以是多种形式的，如调查问卷、线上反馈表、借阅统计数据等。调查问卷和线上反馈表可以帮助收集消费者的反馈和意见，了解他们对活动的态度和感受。借阅统计数据则可以反映活动的实际效果，如借阅次数、借阅时间等。在选择评估工具时，需要充分考虑活动的特点和目标受众的需求，以确保工具的有效性和实用性。

除了对活动的直接效果进行评估外，还需要考虑活动的间接效果。例如，一场推广活动可能会引起媒体和社会的关注，从而提升品牌形象和知名度。此外，活动还可能会引发消费者的口碑传播，进一步扩大品牌的影响力。因此，在评估活动效果时，需要从多个角度出发，全面考虑活动的综合效果。

（六）数据分析与效果评估

在收集完数据后，就会进入活动的后期评估阶段。这个过程需要相关工作人员对数据进行深入分析，以了解推广活动实际效果如何。相关工作人员不仅要关注活动的整体效果，还要关注哪些方面取得了预期的效果，哪些方面还需要改进。这种基于数据的评估，可以为下一次活动提供宝贵的经验。具体可以从以下几点做起：

首先，相关工作人员需要对收集到的数据进行清洗和整理。这包括删除无效数据、填补缺失数据、处理异常数据等。在清洗和整理数据的过程中，需要保持客观、严谨的态度，确保数据的准确性和可信度。

其次，相关工作人员可以通过统计分析和机器学习的方法，对数据进行深入的分析。可以使用描述性统计、方差分析、卡方检验、回归分析等统计方法来了解数据的分布、关系和影响因素等。还可以使用聚类分析、决策树、神经网络等机器学习算法来预测目标受众的行为。

在分析数据的过程中，需要注意以下几点：①确定数据的质量和可靠性。这包括数据的来源、收集方式、处理方法等。只有高质量的数据才能得出准确的结论。②关注数据的代表性和偏差。如果数据存在偏差，需要及时调整数据处理方法和模型，以避免误导结论。③充分挖掘数据的潜在价值。通过对数据的深入分析可以发现更多的规律和趋势，为未来的活动提供更多的启示和建议。

最后，在评估推广活动的效果时，需要综合考虑多个因素，包括曝光量、点击率、转化率、销售额等。相关工作人员可以通过对比活动前后的数据，了解活动的实际效果如何；还可以通过对比同类活动的效果，了解自身的优势和不足之处。通过以上步骤，可以对推广活动进行全面的评估和分析。这些评估结果可以为下一次活动提供宝贵的经验和启示，从而更好地提高活动的效果和质量。

（七）持续改进与创新

阅读推广是一个不断持续的过程，为了实现这一目标，阅读推广活动需要不断地进行优化和改进。每一次阅读推广活动结束后，组织者都应该对活动进行全面的总结和评估。这包括对活动的目标、策划、执行、宣传和效果等方面进行深入的分析和研究，并对计划进行必要的调整和创新。例如，如果发现某次活动的宣传力度不够，导致参与者数量不足，那么下一次活动就需要加强宣传力度，提高活动的知名度和影响力。如果发现某次活动的主题或内容不够吸引人，就需要考虑更换主题或内容，以吸引更多的读者参与。除了对活动的总结和评估，阅读推广活动还需要不断地进行创新和尝试。这包括引入新的元素、新的形式、新的渠道等。例如，可以通过与作家、学者、艺术家等合作，引入他们的作品、演讲、画作等，吸引更多的读者参与。另外，阅读推广活动还需要关注读者的反馈和需求。这包括通过调查问卷、访谈等方式收集读者的意见和建议，了解他们的阅读需求和偏好。根据读者的反馈和需求，对活动进行更加精准的策划和执行，提高活动的针对性和有效性。总之，阅读推广是一个持续优化的过程。只有不断地总结经验教训、创新尝试和关注读者反馈，才能确保每一次活动都能更有效地吸引更多人参与阅读，推动全民阅读的发展和进步。要想成功地进行阅读推广，需结合实际情况来制定并执行一个全面、多样、有针对性的推广计划，同时要持续地评估推广活动的效果，不断地改进和创新推广方式和策略，这样才能最大限度地提高阅读推广活动的效果和质量。

（八）阅读推广的挑战

1.读者兴趣多样化

不同的读者群体有不同的阅读兴趣和口味，要在如此多元的读者群体中推广一本书，是一项极具挑战性的任务。因此，为了更有效地推广书籍，需要针对不同的读者群体制定不同的推广策略。首先，需要认识到不同年龄段的读者有着不同的阅读兴趣和口味。例如，青少年往往更喜欢轻松幽默的故事，而成年人则更倾向于有深度思考和复杂情节的作品。因此，针对青少年和成年人的推广策略应该是不同的。此外，不同职业和背景的读者也会有不同的阅读偏好。例如，商务人士可能更喜欢阅读与职场技能和经验相关的书籍，而家庭主妇可能更喜欢阅读与家庭、育儿等相关的书籍。因此，需要根据不同职业和背景的读者制定不同的推广策略。此外，还需要考虑不同地域和文化背景的读者的不同的阅读兴趣和口味，因此需要根据不同地域和文化背景制定不同的推广策略。只有这样，才能更好地满足读者的需求和期望，实现更有效的推广。

2. 信息过载

在数字化时代，每个人都面临着无数的信息选择。在这样的背景下，如何确保阅读推广的信息能够引起人们的注意并激发他们的兴趣，无疑是一个巨大的挑战。首先，读者往往是根据自己的兴趣和需求选择信息。因此，推广的信息必须具备针对性，能够精准地满足读者的需求。例如，对于喜欢健康饮食的人，可以推广关于健康饮食的信息；对于喜欢运动的人，可以推广关于运动健身的信息。这样，读者在接触到这些信息时，会因为它们与自己的兴趣和需求相关而产生浓厚的兴趣。其次，推广的信息需要有吸引力。这不仅包括信息的外观和格式，还包括它的内容和价值。在外观和格式上，可以使用吸引人的图片、视频、色彩和排版等来增加吸引力。在内容上，需要提供有价值、有趣、有深度的信息，让读者觉得阅读不仅仅是获取信息，更是一种享受。例如，可以引用权威的研究数据、案例或者故事来增加信息的价值。此外，还需要通过有效的渠道进行信息的推广，这可以是社交媒体、网站、电子邮件、短信等。通过这些渠道，可以更有效地接触到目标读者，提高信息的传播效果。此外，还可以通过分析读者的反馈和行为数据来了解读者的需求和兴趣，从而更好地调整推广策略。只有这样，才能在这个信息海洋中脱颖而出，吸引到更多的读者。总的来说，这是一个持续的挑战，需要不断地学习和适应，才能达到最好的效果。

3. 资源有限

当今社会，阅读推广的重要性日益凸显。然而，资源有限的情况下，如何高效利用资源，以实现阅读推广的最大化效果，却是一个摆在面前的重大挑战。这需要从多个方面入手，集思广益，寻找突破口。

首先，资金是阅读推广的重要保障。没有足够的资金支持，阅读推广活动就无法开展。因此在资源有限的情况下，还需要通过创新的方式去获取更多的资金。比如，可以通过发起公益募捐、举办读书活动等方式，吸引更多的人关注并参与阅读推广活动。此外，还可以尝试通过与媒体、社会组织等合作，扩大阅读推广的影响力，以获得更多的资金支持。

其次，人力是阅读推广的核心力量。在有限的资源下，相关工作人员必须懂得如何调动人们的积极性，让他们参与到阅读推广中来。比如，可以鼓励人们捐赠图书、设立读书角、开展亲子阅读等，让更多的人了解并参与到阅读推广中来。同时，还可以通过开展培训、讲座等方式，提高人们的阅读素养和推广能力，以实现人力的高效利用。

最后，物力是阅读推广的基础保障。在资源有限的情况下，需要通过合理的规划和管理实现物力的最大化利用。比如，可以通过与图书馆、学校等机构合作，共享资源、互通有无；还可以通过开展二手书交换、图书漂流等活动，让图书在流动中发挥更大的价值。总之，在资源有限的情况下，高效利用资源是实现阅读推广最大化的关键。需要从资金、人力和物力等多个方面入手，通过创新的方式和精细的管理实现资源的最大化利用。只有这样，才能真正地推动阅读的普及和深入人心。

4. 效果评估困难

阅读的效果和影响是长期的、潜移默化的，很难用单一的指标来衡量阅读的效果。尽管如此，仍可以通过一些方法来评估阅读的影响，如通过调查读者的阅读习惯、阅读频率、阅读内容等，以及分析读者在阅读后是否发生了行为或观念上的改变来评估。

首先，读者的阅读习惯和频率是评估阅读效果的重要指标。一般来说，长期坚持阅读的人往往比不阅读的具有人更优秀的思考能力和更广泛的知识储备。此外，阅读频率和阅读内容的多样性也可以反映读者的阅读兴趣和学习需求。如果一个读者开始养成定期阅读的习惯，并逐渐扩大阅读范围，那么可以认为这个读者的阅读能力得到了提高，其视野和知识面也得到了扩大。其次，可以通过观察读者在阅读后是否发生了行为或观念上的改变来评估阅读的效果。例如，读者在阅读了一本关于环保的书籍后，开始注意垃圾分类和回收废弃物，这表明阅读对他们的行为产生了积极的影响。同样地，如果读者在阅读了一篇关于健康生活的文章后，开始关注饮食和运动，那么就可以认为阅读对他们的观念产生了积极的影响。此外，还可以通过引用权威机构发布的数据或实证研究来支持阅读的重要性和效果。例如，美国教育部发布的一项报告显示，经常阅读的学生在学业成绩上比不阅读的学生更高。此外，许多研究表明，阅读可以降低焦虑和抑郁情绪，提高人们的幸福感和生活质量。综上可知，虽然阅读的效果和影响往往是长期的、潜移默化的，但仍可以通过多种方法来评估它的推广效果。通过了解读者的阅读习惯、频率和内容，以及观察读者在阅读后是否发生了行为或观念上的改变，可以更好地了解阅读的价值和作用。

（九）应对阅读推广的挑战

1. 制造话题和事件

通过与其他社会热点话题结合，或者策划与读物相关的活动，可以有效地吸引公众的注意力。这种方法不仅有助于推广读物，还可以提高公众对相关话题的认识和关注度。例如，当前全球变暖和环保问题备受关注，可以将读物的推广与环保话题相结合。再如，可以邀请环保专家或作家撰写相关的文章或进行演讲，吸引公众的关注。此外，还可以策划一些与环保相关的活动，如植树活动、垃圾分类宣传活动等，不仅可以吸引公众的参与，还可以提高公众对环保和可持续发展的认识与重视程度。另外，策划与读物相关的活动也是一种有效的吸引公众注意力的方式。例如，可以组织一些读书会、作者见面会、签售会等活动，让读者有机会直接与作者交流，帮助读者深入了解读物的内涵和价值。此外，还可以通过线上或线下的抽奖活动、问答游戏等吸引公众的参与和关注。这些活动不仅可以增加读物的曝光度和认知度，还可以提高公众对读物的兴趣和热情。

2. 建立长期评估机制

在评估图书馆或数字阅读平台的使用情况时，不能仅仅关注短期的借阅量、点击率等数据。这些数据固然重要，但为了更全面地了解读者的阅读体验和需求，还需要从长期角度进行评估。首先，需要关注读者的阅读习惯。随着时间的推移，读者的阅读习惯可能会发生变化。例如，有些读者可能更倾向于使用电子设备阅读，而有些读者则更喜欢纸质书籍。此外，读者的阅读时间、频率和地点也可能发生变化。通过了解读者的阅读习惯，可以更好地满足他们的需求，并为他们提供更个性化的阅读推荐。其次，需要关注读者的态度变化。随着时间的推移，读者对图书馆或数字阅读平台的态度可能会发生变化。有些读者可能会变得更加依赖这些资源，而有些读者可能会减少使用。此外，读者对图书馆或数字阅读平台的满意度、忠诚度和推荐度也可能发生变化。通过了解读者的态度变化，可以及时调整服务策略，提高读者的满意度和忠诚度。

为了从长期角度评估读者的阅读体验和需求，可以采取以下措施：（1）定期收集读者的反馈。通过问卷调查、访谈等方式，了解读者对图书馆或数字阅读平台的看法和建议。（2）分析读者的行为数据。通过分析读者的借阅记录、点击记录等数据，了解读者的阅读偏好和习惯。（3）跟踪读者的阅读体验。通过观察读者的阅读过程，了解他们在使用图书馆或数字阅读平台时遇到的问题和困难。（4）对比不同时间段的评估结果。通过对比不同时间段的评估结果，了解读者的阅读体验和需求的变化趋势。

五、阅读推广是提高社会文化素质和阅读素养的重要手段和途径

（一）阅读推广与社会文化素质的关系

社会文化素质不仅仅是一个停留在理论层面的抽象概念，实际上，它是深深根植于每个人日常生活中的实实在在的存在。它体现在人与人之间的交往方

式上，一个具有良好社会文化素质的人必然懂得尊重他人、善意沟通，能够处理各种人际关系，使交往更为和谐、顺畅。此外，社会文化素质也表现在人们对待问题的态度上。面对问题时，一个具有良好社会文化素质的人，不是盲目冲动或逃避，而是能够冷静思考，以客观、理性的态度去分析问题，寻找最佳的解决方案。更为重要的是，社会文化素质还体现在人们对待自身和他人的价值观上。它意味着一个人能够正确评价自己，也能够欣赏和尊重他人的价值和贡献。这样的人对待外部环境会更加珍惜、保护，对待未来也会充满信心和期待。而阅读推广，正是培育和提高社会文化素质的一条有效途径。当人们真正沉浸于优秀的文学作品、历史文化书籍中时，他们不仅是在获取知识，更是在不知不觉中受到文化的熏陶和感染。例如，通过阅读历史书籍，人们可以更加深入地理解社会的变迁和发展，体会到历史的沧桑和形势，从而更加深刻地认识到当下的珍贵，对未来也会更加充满信心和期望。更为重要的是，阅读推广还可以帮助人们建立更为开放和包容的态度。当人们接触到来自不同文化背景的读物时，他们会意识到世界的多元和宽广，从而更加尊重和接纳不同的文化和观念，这无疑将为社会的和谐与进步打下坚实的基础。

（二）阅读推广与阅读素养的深厚联系

在现代社会中，人们每天都面临着海量的信息冲击。无论是工作中的报告、邮件，还是生活中的新闻、社交媒体，信息无处不在，且更新速度极快。在这样的背景下，如何能够快速、准确地从这些信息中筛选出自己所需的，并对其真实性、可靠性做出判断，就显得尤为重要。这恰恰突显了阅读素养在当代社会中不可或缺的地位。阅读素养不仅是指能够流畅地阅读文字，更重要的是具备筛选、分析、判断信息的能力。一个具备高阅读素养的人，能够在短时间内快速抓取信息的核心，并对其中的观点、论据等进行评估。而阅读推广，正是帮助现代人提高阅读素养的重要途径。通过学习和实践这些方法与技巧，人们可以更高效地获取并筛选信息，进而提高阅读速度，确保阅读的理解深度和广度。更为关键的是，阅读推广不仅是教人如何读，而且是进一步引导人们关注社会热点、思考人生价值，使阅读的层次和品质都得到显著的提升。这样的阅读已经超越了单纯的信息获取，它变成了人们探索人生真谛、找寻生活答案的媒介。通过阅读，人们开始更加深入地理解自己和身处的这个世界，从而能更好地面对生活中的种种挑战。

无论是社会文化素质的培养还是阅读素养的提升，都与阅读推广存在着紧密而不可分割的关系。阅读推广不仅是一种传递知识和信息的手段，更是一种打造理解世界、自我提升平台的重要途径。

通过阅读推广，人们能够获得更广阔的视野和更丰富的知识，进而成为更好的自己。

首先，阅读推广对于社会文化素质的塑造起着重要的引领作用。通过阅读，人们能够接触到世界各地的文化、历史和社会现象，深入了解不同文化背景和价值观。这种跨文化的交流和理解，有助于打破偏见和冲突，促进社会的和谐共处。其次，阅读推广鼓励人们思考社会问题、关注社会热点，积极参与社会公益事业，从而推动社会的进步和发展。同时，阅读推广也是提升阅读素养的有效途径。在阅读推广的引领下，人们可以掌握更多的阅读技巧和方法，提高阅读效率和理解能力。最后，阅读推广倡导多元化的阅读材料选择，推动人们接触不同类型和风格的文本，丰富阅读体验和思考层次。这种阅读素养的提升，不仅有助于个人的学习和职业发展，更能够培养批判思维、创新能力和解决问题的能力，使个体在知识社会中更具竞争力。总而言之，阅读推广不仅为人们提供了广泛的知识和信息，更重要的是构建了一个促使个人成长和社会进步的平台。在这个平台上，每个人都可以通过阅读与社会互动，不断塑造自己的社会文化素质和提升阅读素养，成为全面发展的、更好的自己。阅读推广是一项有益于个人和社会的重要事业，值得人们持续关注和积极参与。

六、阅读推广需要不断探索和创新，适应时代的需求和变化

（一）提高阅读的参与性和互动性

1.增加读者投票环节

为了提升读者对于阅读推广活动的参与性，可以考虑在活动中加入读者

投票环节。这一环节可以针对作家、作品、阅读主题等进行投票，让读者能够表达自己对于阅读内容的喜好和看法。可以设置多个选项，让读者在投票过程中能够更全面地参与到活动中来。通过投票结果的统计和展示，读者们可以了解到其他人的选择，从而增进读者之间的交流和共鸣。

2. 设立读者互动环节

设立读者互动环节，可以让读者与作家或专家进行直接的交流和提问。这一环节可以向读者提供与专业人士面对面交流的机会，激发读者的思考和兴趣。在活动现场，可以设置专门的互动区域，供读者与作家、专家进行对话。此外，也可以利用现代科技手段，在线上进行实时互动，如通过视频连线、在线聊天等方式，打破地域限制，让更多的读者参与到互动中来。

3. 利用社交平台进行线上互动

随着社交媒体的普及，微博、微信、抖音等社交平台已经成为大众获取信息和交流的主要渠道。对于阅读推广而言，这些社交平台提供了宝贵的机会，可以直接触达潜在读者，引导他们走进阅读的世界。

开设阅读专栏是利用社交平台推广阅读的有效方式之一。阅读推广者可以在微博、微信、抖音等平台上创建专门的账号或频道，用于发布与阅读相关的内容。这些专栏可以包含各类书讯，如新书发布、畅销书推荐、经典重温等，吸引读者的眼球，激发他们的阅读兴趣。除了书讯，还可以发布阅读活动信息，如读书会、讲座、签售会等。社交平台的传播力可以迅速聚集对这些活动感兴趣的人群，提升活动的参与度和影响力。同时，阅读推广者还可以借助社交平台的互动功能，与读者进行直接沟通。例如，开设微博话题讨论，邀请读者分享读书心得；在微信平台上开展线上互动活动，鼓励读者参与投票、留言等。此外，还可以利用抖音等短视频平台，制作富有创意的阅读推广视频，直接与读者沟通。总而言之，利用微博、微信、抖音等社交平台开设阅读专栏，发布书讯、活动信息等，可以直接触达潜在读者，扩大阅读推广的影响力，与读者建立更紧密的联系。

4. 主题阅读节

策划一场主题阅读节，对于吸引读者参与并提升阅读兴趣有着重要的作用。以"科幻月"或"古典文学周"等主题为例，可以从以下几个方面进行策划和实施：第一，选择一个吸引人的主题，如"科幻月"或"古典文学周"，并将其与阅读节紧密联系起来。在宣传中强调该主题的重要性、趣味性和独特性，吸引读者的关注和参与。在宣传渠道上，可以利用社交媒体、网络广告、户外广告等多种方式进行广泛宣传，确保更多的读者了解到这个活动。第二，活动策划。在活动策划方面，可以围绕主题组织一系列丰富多彩的活动，如讲座、研讨会、作家见面会、读书分享会、征文比赛等。例如，在"科幻月"中，可以邀请科幻作家举办讲座，举办签名会，组织科幻电影放映活动，甚至进行科幻小说创作比赛等。而在"古典文学周"中，可以邀请古典文学专家举办讲座，组织古典文学朗诵比赛，或者开设古典文学创作工作坊等。第三，资源整合。为了使阅读节更具吸引力和影响力，需要整合各种资源。这包括与知名作家、学者合作，邀请他们参与活动并分享知识和经验；与出版商合作，获得相关图书的捐赠或折扣；与媒体合作，获得宣传和支持；甚至与相关机构合作，共同举办活动等。这些资源的整合将有助于提高活动的质量和影响力。

实用案例分析：2024 年 4 月 20 日上午，在第 29 个"世界读书日"到来之际，安徽省公共图书馆联盟 2024 年"世界读书日"暨"书香安徽阅读季"系列活动启动仪式，在"云上之城"岳西县举行，全省 130 多家公共图书馆负责人代表参加了启动仪式。

安徽省公共图书馆联盟围绕"品读徽风 悦享皖韵"这一主题，重点策划了一系列凸显安徽特色、体现联盟联动、悦享阅读乐趣的全民阅读活动，让广大读者感受安徽文化的独特魅力。除《安徽文化读本》宣传推广及主题征文、"江淮之声 书韵传承"诵读大赛、"City Read"阅读路线征集、第五届讲书人大赛、"美哉图书馆"优秀视频征集等重点活动外，乡村阅读帮扶、文化助老助残、线上阅读体验、文旅研学服务等各类活动相继开展，在全省营造爱读书、读好书、善读书的浓厚氛围。[1]

---

[1] 资料来源：百家公共图书馆启动"书香安徽阅读季"系列活动 _ 安徽省文化和旅游厅 (ah.gov. cn)https://ct.ah.gov.cn/zwxw/gzdt/80585647.html

（二）数字化阅读的趋势与应对

1. 电子阅读数量的增长

随着科技的快速发展，电子设备和网络已经深入人们的日常生活。智能手机、平板电脑、电子书阅读器等设备几乎人手一台，网络覆盖也越发完善。这为电子阅读创造了良好的条件。在这样的背景下，越来越多的人选择电子阅读作为他们的主要阅读方式。电子书不仅方便携带，而且容量巨大，可以随时随地阅读数百本甚至上千本书籍。此外，电子阅读还提供了丰富的自定义选项，如字体大小、亮度调整、背景色等，可满足读者的个性化需求。对于阅读推广者来说，关注这一趋势并增加电子书的推广和介绍尤为重要。

首先，作为推广者，公共图书馆可以与电子书平台合作，推出优质电子书的推荐榜单，引导读者选择好书。其次，公共图书馆可以利用社交媒体等渠道，发布关于电子书的评论、导读和书评，激发读者的阅读兴趣。公共图书馆，推广者可以组织线上读书会、电子书分享活动等，让读者在虚拟空间中也能感受到阅读的乐趣和温暖，最后，公共图书馆也可以为读者提供实体书的电子版借阅下载服务，让读者得到更便利的阅读服务。

总而言之，电子设备和网络的普及为电子阅读提供了广阔的发展空间。公共图书馆应抓住这一机遇，加大对电子书的推广和介绍力度，为读者提供更加多元、便捷的阅读选择，进一步推动阅读文化的繁荣和发展。

2. 多媒体内容的崛起

在数字化时代，阅读的定义已经超越了传统的文字阅读。音频、视频等多媒体内容以其生动、直观的特性逐渐融入了现代人的阅读体验中。这种趋势为阅读推广者提供了一个全新的角度来思考和设计推广活动。音频内容，如有声书、播客等，为那些希望在移动中、休息时或无法直视屏幕的情况下仍能进行阅读的人提供了解决方案。它们允许听众在行走、驾车、做家务等多种场合中享受阅读的乐趣，扩大了阅读的时间和空间范围。视频内容，如读书分享、作者访谈、书籍解读甚至动画演绎等，为读者提供了一个更直观地了解书籍内容及其背后故事的途径。这种方式不仅能激发读者的阅读兴趣，还能为读者提供更深层次的理解和解读，使读者对书籍有更全面的认识。推广者可以结合这些多媒体内容，为读者创造更加丰富多彩的阅读体验。例如，为一本书制作配套的有声版，使读者在不能读书的场景下也能继续沉浸在故事之中；或者为某一系列书籍策划专题视频，邀请作者进行线上分享，深化读者对作品的理解和感知。这种文字与多媒体的结合，不仅能为读者提供更加多元化的阅读选择，还能进一步拓展阅读的定义和边界，使阅读成为一种更加立体、全面的文化体验。阅读推广者应积极拥抱这一变革，为读者打造更加丰富和深入的阅读世界。

（三）新技术在阅读推广中的运用

在当今数字化时代，人们对于阅读体验的需求已经不再局限于传统的文字阅读。随着科技的进步，特别是 AR（增强现实）和 VR（虚拟现实）技术的发展，为打造沉浸式阅读体验提供了可能。这种新型的阅读方式将读者带入一个全新的维度，让他们可以更加深入地参与阅读。AR 和 VR 技术为阅读体验带来的变革并非简单的技术更新换代，而是对传统阅读方式的颠覆性创新。

传统的阅读方式让读者处于一个相对被动接受的角色，而 AR 和 VR 技术则赋予了读者更多的主动性和参与性。通过这些技术，读者可以身临其境地置身于作者所描绘的世界，以极其真实的方式感受和体验故事情节。例如，在阅读一部历史题材的小说时，通过 AR 技术，读者可以将自己置于古代的市场、战场或宫廷，亲身感受那个时代的风土人情、战争的惨烈或宫廷的钩心斗角。而在阅读科幻题材的作品时，VR 技术可以让读者穿越星际，置身于未知的星球，体验太空探险的刺激和惊奇。这种沉浸式的阅读体验通过直观、生动的视觉效果和身临其境的感受，让读者能够更加深刻地理解作品的主题、情感和人物关系。同时，AR 和 VR 技术也为推广阅读带来了新的商业机会和发展空间。例如，通过开发与书籍内容相关的虚拟现实内容或增强现实应用来增加读者的黏性和活跃度。此外，AR 和 VR 技术还可以促进更多的学习者参与到阅读中来。例如，在语言学习中，VR 技术可以让学生身临其境地置身于目标语言的环境，通过直观、生动的视觉效果和听觉刺激来提高语言学习的效果。这种沉浸式的语言学习方式可以让学生更加深入地了解目标语言的文化、习俗和社会背景，提高他们的语言技能和学习兴趣，也更容易促使他们主动去接触相关的阅读资源。当然，虽然 AR 和 VR 技术在打造沉浸式阅读体验方面具有巨大的潜力，但也面临着一些挑战。例如，技术的普及程度、设备的成本、内容的制作成本以及用户的接受度等问题都需要解决。此外，为了确保用户的安全和隐私，相关技术和应用也需要进行严格的安全性和隐私保护测试。

第二节　阅读推广理论模型

一、阅读推广理论模型的意义和应用价值

（一）意义深化

1. 理论模型的重要性

理论模型在阅读推广领域中扮演着重要的角色，它为人们提供了一个框架，帮助人们更深入地理解阅读推广的各种因素和它们之间的关系。通过理论模型的指导，人们可以更好地探索阅读推广的本质和规律，从而更全面地理解这一领域。理论模型不仅可以帮助相关工作人员整理和归纳各种因素，还可以帮助其发现其中的规律和联系。

在阅读推广中，有很多因素会影响读者的阅读行为和阅读体验，如阅读材料的选择、阅读环境、读者的个人特征等。通过理论模型的指导，相关工作人员可以更好地理解这些因素之间的相互关系和影响机制，从而更好地指导阅读推广工作。

此外，理论模型还可以帮助相关工作人员预测和解决阅读推广中可能出现的问题。在实践中，相关工作人员经常会遇到各种问题和挑战，如读者缺乏阅读兴趣、阅读材料不符合读者需求等。通过理论模型的指导，可以预测

这些问题出现的可能性，并采取相应的措施进行干预和解决。

为了更好地发挥理论模型在阅读推广中的作用，相关工作人员需要不断探索和完善理论模型。这需要他们对阅读推广领域的最新研究成果和经验进行总结和分析，不断更新和完善理论模型，使其更加符合实际需求和变化。

2. 理论模型指导阅读推广实践

在当今社会，阅读推广已经成为图书馆和相关机构的一项重要任务。然而，如何有效地进行阅读推广，提高读者的阅读兴趣和阅读能力，一直是阅读推广者面临的一大挑战。理论模型作为实践指南，为阅读推广者进行阅读推广活动的策划和实施提供了一种科学的方式，有利于提高阅读推广的效果。

理论模型的应用可以帮助阅读推广者更好地了解读者的需求和行为，从而为他们提供更加合适的阅读材料和服务。例如，根据心理学和社会学的理论，阅读推广者可以运用"阅读动机"和"社会影响"等概念，设计出能够激发读者阅读兴趣的活动和推广策略。同时，理论模型还可以帮助阅读推广者对推广活动进行科学评估，及时发现和解决活动中存在的问题，从而确保活动的有效性和可持续性。此外，理论模型还可以为阅读推广者提供更加系统和全面的视角，帮助他们了解阅读推广的内在机制和影响因素。例如，从教育学和心理学的角度来看，阅读推广不仅受到读者个人需求和动机的影响，还受到社会文化、教育制度等多方面因素的影响。

因此，运用理论模型可以帮助阅读推广者更加全面地了解这些因素，从而制定出更加符合实际情况和读者需求的推广策略。为了促进阅读推广研究的发展理论模型不仅能为研究者提供全新的视角，更能助力阅读推广研究走向深入。

具体而言，理论模型的构建和应用在阅读推广研究中发挥着重要的作用。在理论模型的构建过程中，研究者需要对阅读推广活动中的各种因素进行系统性的梳理和分析。这种梳理和分析的过程有助于研究者深入探究阅读推广活动的内在逻辑和规律，发掘那些隐藏在表面现象背后的更深层次的研究问题。例如，研究者可以借鉴和应用市场营销理论将阅读推广活动视为一种特殊的市场行为。在这种视角下，研究者可以深入研究阅读推广活动的市场策略、营销手段及其效果，进而探索如何更好地满足读者的阅读需求，提高阅读推广活动的影响力和吸引力。通过这样的研究，研究者可以为阅读推广活动的策划和实施提供更有针对性的建议。例如，根据市场营销理论的指导，研究者可以提出更加精细化、个性化的阅读推广策略，帮助推广活动更加精准地触达目标读者群体，从而实现阅读推广效果的最大化。

（二）应用价值提高

1. 如何运用理论推广模型提高阅读推广活动的效果

在当今社会，阅读推广活动已成为图书馆和相关机构的一项重要工作。而如何科学地设计和实施阅读推广活动，以更好地满足读者的阅读需求，却是一个值得探讨的问题。本节将通过应用阅读推广理论模型，对这一问题进行深入的探讨和分析。

阅读推广理论模型是一种指导阅读推广活动的工具，它是对读者需求和行为的研究以及阅读推广实践经验的总结。该模型包括三个关键要素：读者需求、阅读推广活动的设计和实施以及活动效果的评价。

首先，读者需求是阅读推广活动设计的核心。了解读者的阅读兴趣、需求和行为是确保阅读推广活动成功的前提。通过调查、分析和观察等方法，可以获取读者的信息，并针对不同的读者群体制定相应的阅读推广计划。

其次，阅读推广活动的设计和实施是关键环节。在活动设计阶段，需要充分考虑读者的需求和特点，制定具体的活动方案，包括活动主题、形式、时间、地点等。在实施阶段，则需要密切关注活动的进展情况，及时调整活动策略，确保活动的顺利进行。在活动宣传方面，应充分利用各种渠道和媒体，提高活动的知名度和参与度。

最后，活动效果的评价是整个阅读推广活动的总结和反馈。通过对活动参与人数、反馈意见、阅读量等数据的收集和分析，可以全面了解活动的成果和不足之处。

2. 理论模型可以优化阅读资源配置

理论模型在阅读推广领域的应用具有极其重要的实际意义。它可以帮助相关工作人员更加精准、深入地理解读者的阅读需求和阅读资源的配置情况。首先，在理解读者需求方面，理论模型可以指导相关工作人员进行更为精准的需求分析。通过对读者的阅读习惯、兴趣偏好、阅读目的等方面进行深入研究，相关工作人员能够更加清晰地了解读者真正需要的阅读资源和服务。这种深入的需求理解，可以使其更加精准地配置阅读资源，确保资源能够真正满足读者的需求，从而提升资源的有效利用率。其次，在阅读资源配置方面，理论模型提供了科学的配置依据。它可以帮助相关工作人员审视现有的阅读资源配置情况，发现资源配置中的不合理之处，提出优化建议。例如，可以通过对读者的借阅数据、阅读偏好等进行分析，找出资源配置的短板，进一步调整和优化阅读资源的配置，使其更加符合读者的实际需求。此外，理论模型还能帮助相关工作人员预测阅读需求的变化趋势，以便其提前进行资源的布局和调整。这种前瞻性的资源配置方式不仅可以提高资源的利用效率，更能确保阅读推广始终满足读者的阅读需求，保持阅读推广活动的持续吸引力。

二、模型构建的目的和基本原则

（一）目的

公共图书馆作为社会文化的重要载体和传承场所，肩负着推动全民阅读和提升社会文化素养的重要责任。构建公共图书馆阅读推广理论模型的目的在于更好地指导图书馆的阅读推广活动，以更科学、系统的方式推广阅读，促进阅读的普及和深入。具体而言，这些目的包括但不限于以下几方面：①在培养公众的阅读兴趣方面，公共图书馆采用科学的方法和手段，确保每个人都能找到与自己满意的书籍。当阅读成为一种生活习惯，人们便能在书页间找到慰藉、启发与力量。这样的阅读不仅能增强公众的阅读能力，还能深化他们的阅读体验，使其更加珍视与文字的每一次邂逅。②阅读推广活动不仅仅是传递知识的方式，更是文化传承的重要载体。在阅读推广中，那些古老的、优秀的传统文化得以被更多人知晓，得以在新时代继续发扬光大。③这

些活动也为文化创新提供了平台,推动文化不断向前发展。公众在参与这些活动时,其文化认知和文化素养都会得到提高,进而为整个社会的文化进步贡献力量。④了解公众的阅读需求和习惯对于图书馆而言至关重要。每个人的阅读喜好都如同一片独特的叶子,图书馆的任务就是汇聚这些叶子,构成一个丰富多彩的阅读森林。为了实现这一目标,图书馆需要进行深入研究和分析,确保每一本藏书、每一种资源都能得到高效利用,满足公众多元化的阅读需求。

(二)基本原则

1.普遍性原则

强调阅读作为全体公众的基本权益在构建阅读推广模型时,必须充分考虑不同群体的阅读需求和特点。这意味着相关工作人员要深入了解各个年龄段、不同性别、各种职业以及各个地域的人的阅读习惯和兴趣,确保阅读推广活动能够满足每个人的需求,真正成为每个人的权利和福利。

2.科学性原则

要求相关工作人员在阅读推广模型的构建过程中始终坚持以科学的方法和理念为指导。这包括结合实证研究和理论分析,确保模型能够真实、准确地揭示阅读推广活动的内在规律和机制。只有以科学为基础,才能确保模型的有效性和可靠性,从而为阅读推广活动提供有力的支持。

3.易用性原则

强调理论模型的实用性和可操作性。一个优秀的理论模型应该具备清晰、简洁的概念和框架,这样图书馆工作人员才能轻松理解和操作。同时,模型也应该让公众能够轻松理解和参与阅读推广活动,从而使阅读推广活动更加顺畅、高效地进行。

4.动态性原则

随着时代和社会的不断进步,公众的阅读需求和行为也在发生变化。为了适应这种变化,理论模型必须具备开放性和灵活性,能够随时根据新的情况和需求进行调整和完善。只有这样,阅读推广活动才能紧跟时代步伐,始终与公众需求紧密结合。

5. 公平性原则

这是公共图书馆作为公共文化服务提供者的核心原则之一。在阅读推广活动中，公平性原则要求公共图书馆确保每个公众都能平等地获得阅读资源和服务，不受任何歧视或限制。这意味着要努力消除阅读差距，让每个人都有平等地接触知识、享受阅读乐趣的机会，真正实现阅读公平。

三、阅读推广理论模型的核心要素

（一）读者需求分析

读者群体的特点和分类。在进行阅读推广的策划之前，明确目标读者群体是至关重要的一步。阅读推广者要精准定位读者群体，根据多个维度分类，更好地满足他们的阅读需求和兴趣。

1. 年龄维度

首先，年龄段是一个重要的分类维度。不同年龄段的读者对于阅读的需求和兴趣有着明显的差异。例如，儿童通常更偏向于富有趣味性和视觉吸引力的绘本和寓言故事，这些书籍能够通过生动的插图和简单的文字引导他们进入阅读的世界。而成年人则更加注重阅读内容的实用性和深度，更倾向于选择那些能够提供专业知识、思考启发和情感体验的书籍。

2. 性别维度

其次，性别也会对阅读偏好产生影响。男性和女性在阅读题材上可能存在差异。例如，男性往往对于历史、军事、科技等题材更感兴趣，他们喜欢通过阅读这些书籍来满足对于探险、刺激和知识获取的需求。而女性可能更偏向于言情、家庭、生活等题材，这些书籍往往能够触动她们的情感，并提供生活中的启示和帮助。

3. 社会身份维度

再次，职业和身份也是决定阅读需求的重要因素。不同职业和身份的人群对于阅读的需求各有侧重。学生通常需要更多的学习资料，他们关注于获取知识和提升学习成绩。而职场人士则更加偏向于行业内的专业书籍，他们希望通过阅读提升职业技能和竞争力，更好地适应职场环境。

4.地域和文化背景维度

最后，地域和文化背景也会对阅读习惯和需求产生影响。不同地域和文化背景的人，由于生活环境和价值观念的差异，对阅读的偏好也会有所不同。例如，城市与农村的读者可能存在阅读偏好上的差异，城市读者更加关注都市生活、时尚潮流等话题，而农村读者可能更关注农业技术、乡村文化等方面的阅读内容。南方与北方的读者也可能因为地域文化的不同而有所偏好，南方读者可能更注重情感细腻和人文关怀，而北方读者可能更偏爱豪放洒脱和实在实用的文字。

明确目标读者群体并对其进行详细分类，有助于公共图书馆更好地了解读者的阅读需求和偏好。针对不同群体的特点，公共图书馆可以制定更有针对性的阅读推广策略，提供符合他们需求的阅读资源和活动，从而推动阅读的普及和深入。

对于读者阅读需求和偏好的研究可以采取以下几种方法：

（1）调研与问卷调查

这是一种直接有效的方法，能够迅速收集到大量读者的意见和建议。问卷可以包含多个方面，如读者对图书馆现有藏书的评价、对图书馆环境的感受、对特定主题或类别的书籍的兴趣等。通过定期的问卷调查，图书馆不仅可以了解读者当前的需求，还可以追踪这些需求随时间的变化，从而更精准地调整藏书和服务。

（2）借阅数据分析

图书馆的借阅记录中蕴藏了读者的真实阅读行为。通过对这些数据进行深入分析，可以推断出读者的阅读偏好。此外，还可以通过数据对比发现不同群体之间的阅读差异，为公共图书馆更为个性化的服务提供参考。

（3）读者行为观察

直接观察读者在图书馆的行为也是一种很有价值的研究方法。通过设置观察点，记录读者在选择书籍、阅读时的停留时间、翻阅的书页等，可以从细微处判断他们的真实兴趣和需求。这种方法的优点是可以避免读者自我报告的偏见，更客观地揭示其阅读行为。

（4）社交媒体与在线平台分析

数字化时代，社交媒体和图书馆在线平台成为读者交流的重要场所。关注这些平台的反馈和建议，可以及时发现读者的新需求和兴趣点。同时，通过分析读者在社交媒体上的分享和讨论，还可以了解到哪些书籍或主题在读者中引发了共鸣。

（5）读书俱乐部与活动反馈

读书俱乐部和各种阅读活动是图书馆与读者互动的绝佳机会。通过观察读者在这些活动中的参与程度和反馈，可以深入了解他们对阅读的看法和需求。此外，还可以通过与读者的直接交流捕捉到一些问卷调查和数据分析中难以获取的信息。了解读者的阅读需求和偏好是一个复杂而多维的过程，需要图书馆综合运用各种研究方法。只有这样才能更好地满足读者的阅读需求，推动阅读文化的繁荣和发展。

（二）阅读资源供给

1. 阅读资源的类型

（1）纸质图书

纸质书籍作为图书馆阅读资源的重要类型，为读者提供了一个充满历史气息、富有文化内涵的阅读世界。它们跨越了学科和领域的界限，从小说、文学、历史到科学、技术、医学，纸质书籍的多样性满足了不同读者的需求。这些书籍不仅是文字的载体，更是人类文明的传承和智慧的结晶。纸质书籍的独特之处在于，它们为读者提供了一种与文本互动的阅读体验。读者可以随意翻页，用书签标记重要的章节或段落，也可以在书页上留下个人的思考和笔记。这种与文本的互动可以让读者在阅读的过程中更加深入地思考和理解内容，更好地吸收和记忆知识。对于许多读者而言，纸质书籍的魅力不仅在于它们的阅读价值，更在于它们所带来的触感和情感体验。纸质书籍的翻页声、页面的质地，甚至书的气味都能给读者带来愉悦的阅读感受。此外，纸质书籍的收藏价值也让许多读者对其产生了深厚的感情。

随着数字阅读的兴起，纸质书籍的地位受到了一定的挑战。然而，这并不意味着纸质书籍将会被淘汰。相反，它们仍然拥有无法替代的价值。纸质书籍是图书馆阅读资源的重要组成部分，它们不仅满足了读者的学术需求，更提供了情感和触感的阅读体验。在数字阅读日益流行的今天，纸质书籍仍然以其独特的魅力吸引着众多的读者。

（2）电子资源

随着数字技术的飞速发展，电子资源在阅读资源中的地位日益重要。图书馆通过购买或订阅电子书、在线数据库、学术期刊等电子资源，为读者提供更为便捷和多样化的阅读方式。读者可以通过计算机、平板设备或手机等终端设备访问这些电子资源，随时随地进行在线阅读和检索，极大地丰富了阅读的方式和内容。首先，电子资源的出现，不仅为读者提供了更为广泛的阅读材料，还打破了传统图书馆的空间限制。读者可以在任何时间、任何地点，通过网络访问图书馆的电子资源，无须受到物理空间的限制。其次，电子资源的多样性也是其吸引读者的重要原因之一。传统的图书馆主要提供纸质书籍和期刊等印刷材料，而电子资源则包括音频、视频、数据集等多种形式。读者可以通过电子资源获取更多的信息，包括学术、娱乐、新闻等各个方面的内容。这种多样性使得读者可以根据自己的需求和兴趣选择适合自己的阅读材料。最后，电子资源的便利性也是其受到欢迎的原因之一。随着移动互联网技术的发展，读者可以随时随地通过终端设备访问图书馆的电子资源。这种便利性使得读者可以更加高效地利用自己的时间和精力，提高阅读的效率和体验。

但是，电子资源的普及也带来了一些问题和挑战。首先，电子资源的版权问题需要得到重视。图书馆在采购电子资源时需要遵守相关的法律法规，确保合法使用和传播这些资源。其次，电子资源的长期保存也是一个问题。与纸质书籍相比，电子资源的保存需要更多的技术和设备支持，以确保数据的可靠性和安全性。最后，电子资源的更新和维护也是一个持续性的工作，需要图书馆不断关注和投入。电子资源在图书馆阅读资源中扮演着越来越重要的角色。它们提供了更为广泛、多样和便利的阅读材料，打破了传统图书馆的空间限制，提高了阅读的效率和体验。然而，随着电子资源的普及，图书馆也需要关注并解决一些新出现的问题和挑战，以确保电子资源的有效管理，持续服务读者。

（3）视听资料

视听资料是图书馆阅读资源的另一种重要类型，它包括有声书籍、讲座、纪录片等音频和视频资料。这些视听资料通过声音和图像的形式传递知识和信息，为读者提供一种更加生动、直观的阅读体验。在当今社会，人们对于阅读的需求已经不再局限于传统的文字形式。因此，图书馆为了满足读者的多元化需求，不断地丰富和拓展其视听资料库。这些视听资料以其独特的呈现方式，为读者提供了更加深入、全面的阅读体验。例如，有声书籍可以让那些视力不佳的读者轻松地欣赏到书籍的内容。讲座和纪录片则可以为读者提供更加深入的解释和说明，帮助他们更好地理解相关知识和概念。同时，这些视听资料还具有娱乐性，可以丰富读者的学习和娱乐生活。

它们通过声音和图像的形式传递知识和信息，为读者提供了更加生动、直观的阅读体验。为了满足读者的多元化需求，图书馆要不断地丰富和拓展其视听资料库。

2. 阅读资源的来源

为了获取这些资源，图书馆可以通过多种渠道进行采购。他们可以与出版社、分销商合作，直接购买最新的出版物和资源。此外，图书馆还可以通过接受个人或机构的捐赠获取更多珍贵的书籍和资料，丰富馆藏。除此之外，与其他图书馆、机构或出版社的合作是非常重要的。这种合作可以实现资源共享，互惠互利，共同促进阅读的推广和发展。通过与其他图书馆和机构合作，图书馆可以获得更多的资源和技术支持，提高其服务质量和效率。同时，这种合作也有助于促进不同地区和不同机构之间的文化交流和知识传播。视听资料是图书馆阅读资源的重要组成部分。

3. 阅读资源的优化配置与共享

优化配置是指根据读者的需求和图书馆的实际条件，合理规划和配置阅读资源。在实现这一目标的过程中，需要采取一系列措施。首先，公共图书馆需要对读者的阅读需求进行深入的分析和了解。对此，公共图书馆可以通过开展调研、问卷调查等方式收集读者的意见和建议，明确他们最需要的资源类型和主题。然后，根据读者的需求制定相应的采购计划，确保采购的书籍和资源与读者的需求相匹配。其次，根据读者的分布和阅读习惯，合理规划图书馆的空间布局。在空间布局方面，应根据读者的阅读需求和习惯，设置不同主题的阅读区，提供舒适的阅读环境。例如，设置文学阅读区、科学阅读区、儿童阅读区等，为不同类型的读者提供专门的阅读空间。

通过建立馆际互借机制，图书馆之间可以实现馆藏资源的互补和共享，打破馆藏壁垒，扩大资源的获取范围，减少资源浪费。同时，建立数字资源共享平台，将各图书馆的电子资源整合在一起，提供统一的检索和访问入口，以方便读者随时随地获取所需的电子资源。

4. 注重图书馆的藏书建设

藏书是图书馆的核心资源之一，因此需要根据读者的需求和图书馆的发展目标合理规划藏书的结构和数量。在采购书籍时，不仅要注重书籍的质量和内容，也要考虑书籍的种类和题材的多样性。除了以上措施外，还需要注重图书馆的数字化建设。可以将图书馆的资源进行数字化处理，建立数字化数据库，为读者提供在线阅读、下载等服务。这样不仅可以提高图书馆的资源利用率，还可以为读者提供更加便捷的阅读服务。

（三）推广活动

1. 推广活动的设计

阅读推广理论的核心之一就是推广活动的设计，一次成功的推广活动，既是推广理论正确性的检验者，也是推广理论的成果汇报。下文将探讨如何策划和组织一次成功的阅读推广活动。

（1）活动目标

在策划阅读推广活动时，首先需要明确活动的目标。这些目标不仅包括提高公众对阅读的认知和兴趣，还应关注对特定书籍或作者的推广，以及提高图书馆或书店的访问量等。为了确保活动的成功，目标应具有可衡量性，以便于评估活动的效果。在制定目标时，需要认真分析市场需求和活动资源，确保目标既实际可行又具有可操作性。同时，还需要根据目标制定相应的策略和计划，包括活动时间、地点、内容、形式等，以确保活动的顺利实施。在实施活动的过程中，还要密切关注活动进展和市场反馈情况，及时调整策略和计划，以确保活动的成功。最后，还要对活动效果进行评估和总结，分析活动的优点和不足，为未来的活动提供经验和教训。

（2）活动策划

为了推广阅读文化，一般公共图书馆都会选择举办一场盛大的阅读节活动。活动将以图书馆为主要场所，为大家提供一个宽敞舒适且充满书香氛围的阅读环境。选择在周末进行活动，以便吸引更多的读者参与其中。在活动日程方面，精心策划了多个环节。比如，邀请知名作家进行现场讲座，让读者了解他们的创作灵感和心得。此外，还开设了读书俱乐部，为读者提供一个互相交流和分享阅读体验的平台。同时，还进行书籍推荐环节，向读者们推荐一些经典好书以及新近出版的优秀作品。

为了让更多的读者了解并参与到本次活动中来，可以通过多种渠道进行宣传推广。首先，在图书馆的官方网站和社交媒体平台上发布活动信息。其次，联系当地新闻媒体进行报道，提高活动的知名度。最后，通过电子邮件向会员和读者发送活动邀请函，邀请他们前来参加。

（3）活动组织

首先，在活动开始前需要招募一些热心的志愿者来协助组织这场活动。这些志愿者主要是来自社区、学校或图书馆的志愿者团体。通过向他们发布招募信息，可以得到一批乐意为活动付出的志愿者，同时也可以在志愿者附近进行一波小型的宣传。接下来，需要根据活动的具体日程，提前准备好所需的各种物资，如书籍、音响设备、投影仪等。在活动当天，需要进行现场布置，可以通过布置一些与活动主题相关的装饰来营造出更吸引人的氛围。此外，还需要安排好现场的秩序，确保活动的顺利进行。在活动期间，需要密切关注现场的情况，确保秩序良好，避免出现混乱或安全隐患。同时，还需要确保活动按照预定的日程进行，避免延误或中断。最后，在活动结束后，需要进行全面的总结和评估。以便在未来的阅读推广活动中做得更好。

一次成功的阅读推广活动需要充分的准备和精心的策划。为了确保活动的顺利进行和目标的实现，需要明确活动目标、选定合适的主题和地点、制定合理的日程、进行有效的宣传推广以及招募志愿者等。首先，明确活动目标是策划阅读推广活动的关键。应该设定一个明确、具体、可衡量、可执行的目标，如提高公众对某类书籍的认知度、增加阅读兴趣或者培养阅读习惯等。在明确目标后，可以围绕目标展开活动策划，确保每一项活动都与目标相符合。其次，选择合适的主题和地点对阅读推广活动的成功至关重要。应该根据目标受众的特点，选择与之相关的主题，如针对儿童、青少年、成年人等不同年龄段的书籍推荐、作者分享会、读书讨论会等。同时，地点也要考虑到目标受众的分布情况以及活动规模的大小，以确保活动能够吸引更多的参与者。在日程方面，需要考虑各项活动的时间安排、顺序以及间隔时间。日程应该紧凑而有序，让参与者在有限的时间内尽可能多地参与活动。同时，还需要预留出一些时间作为机动时间，以应对可能出现的突发情况。再次，有效的宣传推广是阅读推广活动成功的关键之一。可以通过多种渠道进行宣传，并在宣传内容上，突出活动的亮点和特色，吸引更多的参与者。同时，招募志愿者也是策划阅读推广活动的重要环节。招募志愿者不仅可以减轻组织者的工作负担，还可以增强活动的社会影响力。除了以上几个方面，对活动的总结和评估也是至关重要的。在活动结束后，应该及时收集参与者的反馈意见和建议，对活动效果进行评估。通过对活动的总结和评估，可以发现其不足之处并加以改进，以不断提高阅读推广活动的质量和效果。

2.阅读推广活动形式的创新与发展

（1）数字化阅读推广

数字化阅读推广是指通过电子书、网络文学、博客、播客、论坛等数字媒介进行阅读推广，让更多的人接触到阅读，培养他们的阅读习惯。例如，内蒙古通辽市库伦旗以建设现代化、数字化、信息化图书馆为发展目标，充分发挥图书馆基层公共文化服务阵地作用，创新方式方法、优化服务内容、延伸阅读方式，为读者提供沉浸式 VR 阅读设备，高质感的虚拟阅读空间实现了将书本文字、图片、视频内容通过 VR 技术变成清晰立体的场景，读者可身临其境走进书中的世界，与虚拟角色互动，实现图书馆智慧化、数字化升级。[①]

（2）社交媒体推广

社交媒体是现代社会中人们交流的重要平台。通过社交媒体推广阅读，可以扩大阅读的影响力，让更多的人了解阅读的价值。社交媒体包括微博、微信、抖音等社交平台，图书馆可通过在社交平台上发布阅读相关内容、分享阅读体验等方式吸引更多的人参与阅读。

国家图书馆基于移动终端开展了"网络书香·阅见美好"公益数字阅读活动，以微信小程序为服务渠道进行阅读推广和推介宣传，全国共有970余家省、市、县级公共图书馆积极参与，取得良好社会效果。

"网络书香·阅见美好"微信小程序中不仅汇聚了大量精品电子图书资源，定期提供主题化阅读推荐书单，还实现了内容的无门槛访问，同时还支持热度排行、用户收藏、点赞、分享等功能。"网络书香·阅见美好"公益数字阅读活动开展以来，各级图书馆纷纷以微信公众号菜单栏链接、推文宣传、线下海报扫码等多种有效方式，面向各地基层群众开展服务宣传和阅读体验。阅读活动在为各级图书馆补充了精品数字阅读资源、丰富了线上阅读活动形式的同时，也支持了全国基层图书馆公共文化惠民服务的开展。[②]

（3）移动图书馆推广

移动图书馆是一种新型的图书馆服务模式，通过移动设备为读者提供图书借阅等服务。移动图书馆通过在移动设备上提供阅读资源，方便读者随时随地阅读，提高阅读便利性，增加读者的阅读兴趣。例如，乡村移动图书馆。针对偏远地区，图书馆利用移动车辆装备书籍和电子设备，定期前往各个村落，为当地居民提供阅读服务。同时，还开设电子阅读教程，帮助村民学习使用电子设备进行阅读。

[①]　HYPERLINK "https://www.sohu.com/a/794890383_362042" 数"智"赋能图书馆"阅"享书香好时光 _ 库伦旗 _ 数字化 _ 服务 (sohu.com)

[②]　HYPERLINK "https://baijiahao.baidu.com/s?id=1694716926488286112&wfr=spider&for=pc" 国家图书馆积极开展"网络书香·阅见美好"公益数字阅读活动 (baidu.com)

（4）阅读竞赛推广

阅读竞赛推广是一种有效的阅读推广方式，通过比赛的形式激发读者的阅读热情和积极性。阅读竞赛推广可以结合不同年龄段、不同职业等特点，设计不同类型的竞赛题目，吸引更多的人参与。例如，举办全国青少年阅读知识竞赛。针对青少年群体，组织一场全国性的阅读知识竞赛。竞赛内容涵盖历史、文学、科学等多个领域，形式包括选择题、判断题和主观题。获胜者将获得奖学金和荣誉证书。

（5）校园阅读推广

校园是青少年聚集的地方，也是推广阅读的重要场所。校园阅读推广可以通过开展阅读课程、组织读书俱乐部、举办阅读活动等方式，培养学生的阅读兴趣和习惯，提高他们的阅读能力和素养。例如，在小学校园内设立专门的阅读角，放置适合小学生阅读的书籍。此外，每周安排一节阅读课，由教师指导学生进行阅读，鼓励他们分享自己的读后感。

（6）家庭阅读推广

家庭是社会的细胞，也是推广阅读的重要场所。家庭阅读推广可以通过亲子共读、家庭读书会、家庭图书馆等形式，促进家庭成员之间的交流和互动，培养家庭的阅读氛围和习惯。例如，图书馆开展亲子睡前故事会活动，鼓励家长和孩子一起参与。图书馆提供绘本和故事素材，家长则在孩子睡前为他们朗读，培养孩子的阅读兴趣和习惯。

（7）特殊群体阅读推广

特殊群体是指残疾、贫困、老年等群体，他们需要更多的关注和支持。特殊群体阅读推广可以通过开展针对性强的阅读活动、提供专门的阅读设备和服务等方式，满足他们的阅读需求，帮助他们更好地融入社会。例如，视障人士有声读物库就是为视障人士建立专门的有声读物库，提供大量有声书籍和资料。此外，还为他们提供专门的阅读设备和服务，确保他们能够无障碍地享受阅读的乐趣。

（8）跨界合作推广

跨界合作推广是一种创新的推广方式，通过与其他领域、行业、品牌等进行合作，共同推动阅读的发展。跨界合作推广可以通过与知名作家、明星等合作，共同举办阅读活动、推出限量版书籍、开展线上互动等方式，扩大阅读的影响力和受众范围。例如，图书馆与咖啡店合作，读者在咖啡店消费时，可以获得图书馆提供的优惠券或特价书籍信息。同时，咖啡店可以设立读书角，鼓励顾客在品尝咖啡的同时享受阅读的乐趣。

阅读推广活动形式的创新与发展是推动全民阅读的重要途径。通过数字化阅读推广、社交媒体推广、移动图书馆推广、阅读竞赛推广、校园阅读推广、家庭阅读推广、特殊群体阅读推广以及跨界合作推广等多种形式，可以让更多的人了解阅读的价值和意义，培养良好的阅读习惯和能力。同时也可以扩大阅读的受众范围和社会影响力，为建设书香社会做出积极的贡献。

（四）多方合作

1. 扩大推广范围

多方合作可以有效地扩大阅读推广的范围。不同的机构、组织和公共图书馆合作，可以将阅读推广活动覆盖到更广泛的人群，提高阅读的普及率和影响力。例如，图书馆与当地教育机构合作，将阅读推广活动深入到各个学校。北京某大型图书馆与市教育局联合发起"书香校园"计划，每个学期为学校提供 100 种推荐读物，并定期组织作者进校园活动，确保每个学生都能接触到优质的阅读资源。

2. 提高推广效果

多方合作可以带来不同的推广资源和优势，实现优势互补，提高阅读推广的效果。合作伙伴之间的互相支持和协助可以使推广活动更加精准、高效。例如，出版社与线上书店合作，推出限时折扣活动，针对特定群体进行推广。某出版社与京东读书合作，针对大学生群体，提供 9.9 元 10 本电子书的优惠，短时间内吸引了大量的大学生用户购买和阅读。

3. 增强活动影响力

通过多方合作，可以增加阅读推广活动的影响力。合作伙伴之间的宣传和推广可以互相促进，扩大活动的影响范围，提高活动的社会关注度。例如，文化部门与当地的公共图书馆、博物馆、艺术馆联手举办"文化月"活动。在活动期间，凭借在任一机构的门票，均可以享受其他机构的优惠，这种交叉推广的方式大幅增强了活动的影响力。

4. 丰富阅读资源

多方合作可以带来更丰富的阅读资源，包括各种类型的书籍、电子资源、数字文献等。这些资源可以满足不同读者的需求，提高读者的阅读体验。例如，图书馆与多家出版社合作，设立"每月新书推荐"专区，确保读者能够及时接触到最新的出版物。

5. 促进社会参与

多方合作可以促进社会各界对阅读推广的参与和支持。联合不同的力量和资源可以实现共同推动阅读的目标，促进社会文化的发展和进步。例如，社区图书馆与居民委员会合作，组织"邻里读书会"。每周固定时间，居民可以在图书馆内交流读书心得，这种活动形式促进了社区居民对阅读的参与。

6. 实现资源共享

多方合作可以实现资源的共享和优化配置。合作伙伴之间可以共享设施、场地、人力资源等资源，以提高资源的利用效率，降低推广成本。例如，多家图书馆联合起来共同建立一个图书资源共享平台。在这个平台上，各个图书馆可以相互调配书籍资源，确保每本书都能够在最需要它的地方发挥作用。

7. 增强读者黏性

通过多方合作，可以提供更加丰富、多样化的阅读服务和体验，增强读者黏性。合作伙伴之间可以互相学习和借鉴，提高服务水平和质量。例如，书店与咖啡店、文创店合作，打造"阅读＋休闲"的综合体验空间。读者在书店读完书后，可以选择在咖啡店喝一杯咖啡或在文创店选购书籍相关的纪念品。

8. 提升阅读素养

多方合作可以提供更多的阅读培训和指导机会，帮助读者提高阅读素养和阅读能力。合作伙伴之间可以互相协作，共同推动阅读教育的发展。例如，教育机构与图书馆合作推出阅读提高班，定期邀请专业教师为读者提供阅读指导和培训，帮助读者提高阅读速度和理解能力。

9.创新阅读模式

多方合作可以促进阅读模式的创新和变革。通过引入新的技术和手段，可以推动数字化阅读、社交媒体阅读等新型阅读模式的推广和应用。例如，一家网络科技公司与传统出版社合作，推出"虚拟现实读书体验"。读者戴上VR眼镜即可进入一个全新的3D环境，与书中的角色互动，为读者带来前所未有的沉浸式阅读体验。

10.优化服务体验

多方合作可以优化阅读服务体验，提高读者的满意度和忠诚度。合作伙伴之间可以互相沟通和协调，提供更加全面、个性化的服务体验，满足读者的需求和期望。例如，大型公共图书馆引入智能机器人，为读者提供书籍查找、借阅咨询等服务。这种高科技的应用大大提高了服务效率，也给读者带来了更加便捷和现代化的服务体验。

多方合作在阅读推广中具有非常重要的意义和作用。通过扩大推广范围、提高推广效果、增强活动影响力、丰富阅读资源、促进社会参与、实现资源共享、增强读者黏性、提升阅读素养、创新阅读模式以及优化服务体验等方面的合作，可以实现共同推动阅读的目标，促进社会文化的发展和进步。

因此，在未来的阅读推广工作中，应该积极寻求多方合作的机会和渠道，加强与各界的联系和协作，共同推动阅读的普及和发展。

四、阅读推广理论模型的实践应用

案例一：基于读者需求的阅读推广活动策划与实施

背景与目标

随着社会的发展和科技的进步，阅读对于人们的重要性日益凸显。为了满足广大读者的阅读需求，某大型公共图书馆决定策划并实施一场基于读者需求的阅读推广活动。活动的目标是激发读者的阅读兴趣，提升读者阅读素养，推广优质的阅读资源，并建立图书馆与读者的紧密联系。

读者需求分析

在策划阶段，图书馆进行了深入的读者需求分析。通过问卷调查、读者座谈会、线上讨论等方式收集了大量关于读者阅读需求、兴趣偏好、阅读习惯等方面的数据。经过分析，发现读者对于文学、历史、科普等类书籍有较大需求，同时希望图书馆能够提供更加丰富多样的阅读活动和资源。

活动策划

（1）活动主题

结合读者需求和图书馆资源，确定活动主题为"阅读启迪心灵，知识照亮人生"。

（2）活动形式

策划了包括阅读分享会、作家讲座、读书俱乐部、亲子阅读等多种形式的活动，以满足不同读者的需求。

（3）活动时间

考虑到读者的时间安排，活动分散在周末和节假日进行，方便读者参与。

（4）活动地点

除了在图书馆主馆进行活动外，还设立了多个分馆和流动图书车，将阅读推广覆盖到更广泛的区域。

活动实施

（1）资源准备

根据读者需求，图书馆精选了大量优质书籍，包括文学经典、历史传记、科普读物等，确保读者能够找到适合自己的阅读资源。

（2）宣传推广

通过图书馆官网、社交媒体、宣传海报等多种渠道进行活动的宣传推广，吸引读者的关注和参与。

（3）活动执行

在活动现场，图书馆工作人员热情周到地为读者提供服务，指导读者参与各种活动，确保活动的顺利进行。

（4）互动反馈

在活动过程中设置互动环节，鼓励读者分享阅读心得，提出意见和建议。图书馆及时收集并整理读者的反馈，为今后的活动改进提供依据。

效果评估

活动结束后，图书馆对这场阅读推广活动进行了全面而深入的评估。通过精心设计问卷，对参与者进行满意度调查，同时采用定量和定性分析的方法，对活动影响力进行深入剖析。经过细致的数据整理和分析，发现这场活动取得了显著的成效。

首先，读者的阅读兴趣得到了有效的激发。在活动期间，图书馆的到馆人数明显增加，借阅量也有了显著提升。此外，许多读者表示，这次活动让他们对阅读产生了更浓厚的兴趣，愿意在日常生活中投入更多的时间进行阅读。其次，读者的阅读素养得到了明显提升。通过参与者的反馈了解到，许多读者在活动中不仅阅读了更多的书籍，还对书籍的内容有了更深入的理解。此外，部分读者还表示，这次活动让他们学会了如何选择适合自己的读物，如何合理安排阅读时间等重要的阅读技能。最后，优质阅读资源得到了更为广泛的推广。

在活动期间，图书馆不仅向读者推荐了一批优质图书，还通过开展读书分享会、作家讲座等形式，让更多的读者了解到了这些图书的价值和魅力。

据统计，活动期间，图书馆的优质图书借阅量较往常提升了近30%，这意味着更多的读者享受到了阅读的乐趣。最后，图书馆与读者的联系也变得更加紧密。

通过这次活动，图书馆不仅为读者提供了丰富多彩的阅读体验，还积极与读者进行互动交流，收集读者的意见和建议，以便更好地满足读者的需求。此外，图书馆还通过这次活动，与社区、学校等机构建立了更为紧密的联系，为后续的阅读推广活动奠定了坚实的基础。

总之，这次阅读推广活动取得了显著的成效，不仅激发了读者的阅读兴趣，提升了他们的阅读素养，还让优质阅读资源得到了广泛推广，加强了图书馆与读者的联系。这些成果的取得离不开图书馆的精心组织和广大读者的积极参与。未来，图书馆将继续开展类似的活动，为读者提供更多优质的阅读资源和服务。

案例二：阅读资源的共享与优化配置在图书馆中的应用

背景与目标

信息化时代，图书馆作为传统的知识传播中心，面临着数字化资源的冲击与读者需求多样化的挑战。为了实现阅读资源的高效利用和优化配置，某大型图书馆决定开展阅读资源的共享与优化配置项目。项目的目标是促进图书馆与其他机构的合作，实现资源的互补与共享，提高阅读资源的使用效率，更好地满足读者的需求。

资源共享策略

（1）馆际合作

图书馆积极与其他图书馆、学术机构等建立合作关系，共同构建一个资源共享网络。通过合作，图书馆可以相互借阅、交换馆藏，丰富自身的资源种类和数量。

（2）数字资源建设

图书馆大量采购电子书籍、数字期刊等数字化资源，并将其纳入资源共享平台。这样不仅可以节省物理空间，还能方便读者随时随地在线访问。

优化配置措施

（1）数据分析

图书馆通过对读者借阅记录、检索行为等数据的分析，了解读者的需求和兴趣，更加精准地采购和配置阅读资源。

（2）空间改造

图书馆对馆内空间进行重新规划，设置多功能阅读区、研讨室等，以满足读者不同的阅读和学习需求。

（3）推广活动

通过举办读书会、讲座等活动，引导读者更好地利用图书馆的资源，提高资源的使用效率。图书馆引入了先进的自动化管理系统，便于实现资源的快速检索、借阅、归还等操作。此外，图书馆还提供移动应用程序，读者可以通过手机随时查询馆藏、预约书籍、接收借阅提醒等，进一步提高资源的便捷性和可达性。

效果评估

资源共享与优化配置在图书馆的实施，有显著的成效。通过馆际合作，图书馆的馆藏资源得到了丰富和多样化，为读者提供了更广泛的阅读选择，满足了他们更丰富的阅读需求。这种合作模式不仅增强了图书馆的资源储备，还提高了图书馆的资源管理能力，降低了管理成本。

数字资源的建设是图书馆资源优化的另一个重要方面。通过数字化处理，图书馆的资源不仅易于存储和管理，而且可以更加便捷地供读者访问和使用。数字资源的建设不仅降低了图书馆的运营成本，还提高了资源的访问速度和效率，为读者提供了更好的阅读体验。

优化配置措施也是图书馆提升服务质量的关键。通过深入了解读者的阅读需求和习惯，图书馆能够更好地调整和配置资源，使得资源更加符合读者的实际需求，提高了资源的使用效率。这种优化配置的方式既提高了图书馆的服务质量，也提高了读者的满意度。技术应用在图书馆的实施极大地提升了图书馆的运营效率和服务质量。例如，自助借阅系统、智能化排架系统等技术的应用，不仅提高了图书馆的借阅效率，也方便了读者快速查找和获取资源。同时，这些技术应用还为图书馆提供了更准确的数据分析，帮助图书馆更好地了解读者的阅读需求和习惯，为读者提供更个性化的服务。

资源共享、优化配置以及技术应用在图书馆的实施极大地提升了图书馆的服务质量和资源利用效率。这不仅满足了读者更高的阅读需求和学习需求，也为图书馆的未来发展奠定了坚实的基础。

案例三：多方合作在阅读推广中的成功案例分析

背景与目标

阅读推广是一项长期且复杂的工作，涉及多方面的资源和力量。为了更有效地推广阅读，提高阅读普及率和扩大影响力，某城市决定开展一项多方合作的阅读推广活动。该活动的目标是整合各方资源，通过合作与协调打造一场全民参与的阅读盛宴。

合作方与资源

（1）公共图书馆作为阅读推广的主要阵地，提供丰富的馆藏资源和阅读空间。

（2）教育局负责组织学校参与活动，推动阅读纳入教育体系。

（3）出版社提供最新的图书资源，协助策划读书会和作家见面会等活动。

（4）媒体机构负责活动的宣传推广，提高活动的社会关注度。

（5）社区组织在社区内组织小型阅读活动，扩大活动的覆盖面。

合作内容与实施

（1）资源共享

各方共同制定资源共享方案，图书馆提供馆藏，出版社提供新书，确保活动中有充足的阅读资源。

（2）活动策划

结合各方资源和建议，策划了包括大型读书会、作家签名会、校园阅读推广、社区小型读书活动等多样化的推广活动。

（3）宣传推广

利用媒体机构的平台进行活动的全方位宣传，同时各合作方也在自己的渠道上进行推广，形成宣传合力。

（4）实施与执行

各合作方按照策划方案，分工合作，如图书馆负责主要活动的场地提供和管理，教育局推动学校参与，出版社组织作家见面会，媒体机构持续跟踪报道，社区组织策划小型读书活动。

效果评估

在各方的共同努力下，这次活动取得了显著的成效。活动参与人数远超预期，达到了数千人，涵盖了各个年龄段和职业领域。这充分说明了人们对阅读的热情和积极性。同时，社会各界对这次活动的反响也十分热烈，大家纷纷表示这样的活动应该多多举办，让更多的人热爱阅读，提高全民素质。阅读氛围在活动的影响下也变得浓厚起来。在活动现场，可以看到很多参与者沉浸在书海中，享受着阅读的乐趣。他们或低头默读，或相互交流，或拍照留念，都展现出了对阅读的热爱和投入。这种浓厚的阅读氛围也感染了周围的人，吸引他们纷纷加入阅读的行列中来，这次活动提高了读者的阅读兴趣和素养。很多读者表示，这次活动让他们重新认识到了阅读的美好和魅力，他们将会在日常生活中更加注重阅读，提高自己的阅读能力和素养。作为活动的策划者和实施者，该城市在这次活动中实现了经验和口碑的双赢。在策划阶段，学习了如何整合资源、协调各方利益、制定详细的计划等。在实施阶段，积累了宝贵的经验教训，如怎样提高活动的参与率、如何吸引更多的读者等。这些经验将对未来的活动策划和实施起到积极的指导和推动作用。同时，也收获了良好的口碑和社会效应，这是对其工作的最大肯定和支持。

综上所述，这次阅读推广活动取得了显著的成效，不仅提高了民众的阅读兴趣和素养，也积累了宝贵的经验教训。在合作过程中，各方相互配合，共同商讨活动方案，确保活动的顺利进行。在这次活动中，各方都发挥了各自的优势。主办方充分利用其丰富的经验和资源，为活动的策划和实施提供了强有力的支持；赞助商则提供了资金和物资赞助，为活动的顺利进行提供了保障；志愿者积极参与活动，为活动的组织和实施做出了贡献。通过这样的合作方式，形成了资源共享、宣传推广、活动策划与实施的合力，使得活动取得圆满成功。此外，经过对活动效果的评估，发现了这次活动的一些不足和可改进之处。例如，宣传推广的力度还可以进一步加强，以便提高活动的知名度和参与度；活动策划还可以更加注重细节，以便提高活动的质量和效果；各方还可以进一步加强沟通和协调，以便提高合作的效率和效果。这些经验教训将为今后的合作提供宝贵的参考，帮助其更好地组织和实施类似的活动。

五、阅读推广理论模型的评估与改进

（一）模型评估的方法与指标

在评估图书馆阅读推广理论模型时，以下指标可以作为参考：

1. 读者反馈和评价

这是评估图书馆阅读推广效果的重要方法之一。图书馆通过问卷调查、访谈、在线评价等方式，收集读者对阅读推广活动的满意度、认可度、反馈意见等，并以此了解活动的成功与否，以及需要改进的地方。

2. 借阅量

借阅量的增加是图书馆阅读推广效果的重要体现之一。借阅量的增加代表着读者阅读的兴趣和需求的提升，也反映了图书馆推广策略的有效性和覆盖面。

3. 活动参与率

公共图书馆举办的讲座、读书会等活动的参与率是评价阅读推广效果的重要标志之一。参与率高说明读者对活动的兴趣和认可度高，活动的推广效果较好。

4. 学科类别涉猎面

公共图书馆的专业阅读推广需要覆盖不同的学科领域，涉猎面是考核图书馆阅读推广工作覆盖面的重要指标。涉猎面广的阅读推广活动可以满足更多读者的需求，提高读者的阅读兴趣和能力。

5. 活动组织过程评估

活动的策划、组织和实施过程是否科学、合理、有序，各个阶段的衔接是否顺畅，资源利用是否充分等。

6. 活动宣传效果评估

活动宣传的覆盖面、传播途径和宣传效果，如宣传是否到位，是否能够引起读者的关注和兴趣等。

7. 活动形式与内容评估

活动的形式是否新颖、有趣，内容是否符合目标读者的需求和兴趣，是否能够吸引读者参与并产生共鸣。

8. 阅读兴趣和能力提升

通过对比活动前后的读者借阅量、阅读偏好和阅读能力等数据，评估活动对读者阅读兴趣和能力提升的效果。

9. 社会影响与效益评估

活动对学校、社区、行业或领域产生的具体影响和效益，如是否提高了相关领域的知名度、是否推动了学术交流与合作等。

10. 活动成本与效益比评估

活动的成本与效益之间的关系，通过对比投入和产出来评估活动的经济性和可持续性。

11. 长期效益与持续性评估

活动的长期效果以及是否具有持续性，如活动结束后读者的阅读习惯是否有所改变、相关领域的研究是否有新进展等。

总而言之，在评估图书馆阅读推广理论模型时，需要综合考虑多种因素和方法，全面评估活动的实际效果和价值，以便不断完善和提高图书馆阅读推广工作的质量和水平。通过了解和评估阅读推广活动对社区、行业或领域的具体贡献，可以更全面地评估活动的价值和效果。

（二）评估结果的分析与反馈

公共图书馆阅读推广模型评估结果的分析与反馈是一个重要环节，它能帮助了解推广活动的成效、发现存在的问题，并指导下一步的推广计划。

1. 数据分析

首先，根据评估结果对推广活动的数据进行分析。这包括参与人数、借阅量、活动次数、在线互动等。不仅要关注绝对数量，还要注意参与者的反馈和满意度。通过数据图表，可以更直观地了解各项指标的波动情况，找出明显的趋势或模式。

2. 读者反馈收集和分析

读者的反馈是非常重要的。这可以通过在线调查、面对面访谈、社交媒体互动等方式进行。反馈中提到的优点和不足，以及读者对未来活动的期望和建议，都能为图书馆提供改进的方向。

3. 成效评估

根据评估结果，对推广活动的成效进行评估。这包括活动的覆盖面、读者的参与度、借阅量的增加、阅读习惯的养成等。可以通过对比活动前后的数据或与其他类似活动进行比较来评估推广活动的实际效果。

4. 问题识别

通过评估结果，识别出存在的问题。这些问题可能是活动设计的问题，也可能是执行过程中的问题。例如，活动宣传不够、活动内容不够吸引人、活动时间安排不合理等。找出问题后，针对性地进行改进。根据评估结果和分析，对未来的推广策略进行优化，包括改进活动内容、调整活动时间、增加宣传力度等。同时，要根据读者的反馈和需求，适当调整图书馆的资源和服务。

5. 定期回顾与调整

公共图书馆的阅读推广是一个持续的过程，需要定期回顾和调整策略。可以根据评估结果，设定一个时间段（如半年或一年），对推广活动进行全面回顾和总结，然后根据总结结果进行调整。

公共图书馆阅读推广不仅是为了提高借阅量或吸引更多读者，更重要的是培养公众的阅读习惯和提升公众的阅读素养。因此，在分析和反馈评估结果时，要关注这些更长远的目标是否达成。

（三）基于评估结果的模型改进与优化

1. 深入数据分析

在处理问题时，必须保持具体和客观，不能简单地将问题归咎于"活动设计有问题"或"执行有问题"。为了有效地解决问题，需要深入挖掘具体的问题点，并将其详细列出。例如，如果宣传效果不佳，需要具体分析宣传手段、宣传内容以及受众群体等方面的问题；如果活动内容不受欢迎，需要了解具体表现以及原因，如活动内容是否与目标受众的需求和兴趣不符。还需要考虑到问题的复杂性和多方面性。一个问题可能涉及多个因素，如宣传效果不佳可能不仅与宣传手段有关，还可能受到活动内容、受众群体以及市场竞争等因素的影响。

因此，需要进行全面的分析和研究，以避免片面和错误的判断。一般说来，除了参与人数、借阅量等表面数据，还需要深入了解读者参与活动的具体情况，例如，需要关注活动的时间、地点、形式等，这些因素可以提供更全面的读者参与情况。如果一场活动在晚上举行，那么参与的读者可能主要是年轻人。

此外，还可以使用回归分析、协方差分析等统计方法来更准确地分析数据，发现隐藏在数据背后的规律和趋势。例如，可以通过分析读者的借阅量和他们的年龄、性别、职业等因素之间的关系，来更好地了解不同读者群体的阅读需求和偏好。

还可以采取包括在线问卷调查、离线面对面访谈以及社交媒体的实时监控等多种形式来完善数据收集。a.在线问卷调查是一种有效的数据收集方式，它可以覆盖广泛的受众群体，同时保证数据的匿名性和客观性。精心设计问卷要考虑到不同年龄、性别、职业等因素的影响，以便更准确地了解读者的需求和期望。在问卷调查中，鼓励读者提供具体的反馈意见和建议，以便更好地改进产品和服务。b.离线访谈能够深入地了解读者的反馈，通过与读者的直接交流，可以更好地理解他们的需求和期望。在访谈中，要关注读者的态度、行为和观点，了解他们对现有产品和服务的使用体验，以及他们对未来产品的期望。通过这种方式可以收集到一些在问卷调查中无法获取的意见和建议。c.社交媒体监控则可以实时地了解读者在社交媒体上的反馈情况。通过监控热门话题、关键词以及读者讨论的内容，及时了解读者的意见和反馈。

首先，通过收集读者在活动前后的阅读量、阅读频率、阅读时间等数据进行比较和分析，可以了解读者在活动后的阅读习惯是否发生了变化。如果读者在活动后的阅读量、阅读频率和阅读时间都有所增加，那么可以说这个活动对读者的阅读习惯产生了积极的影响。其次，可以通过调查问卷的方式了解读者在活动后是否保持了良好的阅读习惯，或者是否通过活动发现了新的阅读兴趣。调查问卷可以包含有关读者阅读习惯的问题，如他们最喜欢的阅读类型、阅读时间、阅读方式等。通过分析这些数据，可以了解活动是否对读者的阅读习惯产生了长期的影响。

2. 实验验证假设

通过实证研究来验证图书馆的想法和假设。例如，可以进行一些实验来测试不同的活动形式和内容对读者参与程度的影响，或者进行一些调查来了解读者对图书馆服务的满意度和反馈。例如，选取一部分读者作为实验组，让他们参加活动，然后对比他们在活动前后的阅读习惯是否有变化。同时，选取另一部分读者作为对照组，让他们不参加活动，然后对比他们的阅读习惯是否有变化。如果实验组的阅读习惯有明显变化，而对照组没有变化，那么可以说这个活动对读者的阅读习惯产生了积极的影响。总而言之，评估活动的效果不仅要看其覆盖面和参与度，更要看其是否对读者的阅读习惯产生了积极的影响。为了全面评估活动的效果，需要采取多种方法来了解读者的阅读习惯是否发生了变化，并通过实证研究来验证活动的有效性。

3. 优化推广策略

根据前期分析和反馈数据进行调整和改进。在活动的推广过程中，需要注意许多方面，如活动内容、时间安排、宣传渠道等。如果发现活动内容不够吸引人，那么可以增加培训课程或邀请知名作家举办讲座，以增强活动的吸引力。例如，如果参与者的反馈显示他们对活动内容不感兴趣，那么可以增加一些更具有针对性和实用性的课程，或者邀请一些更具有影响力和专业性的讲师来授课。如果发现活动时间安排不合理，那么可以调整到更合适的时间段。同时，可以根据参与者的反馈来优化活动流程，如取消一些不必要的环节或增加一些更具有互动性和趣味性的环节。除了以上这些具体的方面，还可以从更广泛的角度来看待"优化推广策略"这个话题。例如，可以通过增加宣传渠道来提高活动的知名度，如通过社交媒体、网络广告、户外广告等方式进行宣传。同时，可以通过制定更具有吸引力的奖励机制来吸引更多的参与者。

优化推广策略是一个需要不断调整和改进的过程。需要根据前期分析和反馈数据进行调整和改进，同时需要从更广泛的角度来看待这个话题，通过多种方式来提高活动的知名度和吸引力。定期回顾与调整定期回顾和总结至关重要，它不仅可以帮助发现之前未注意到的问题，还可以验证之前的改进策略是否有效。在进行回顾和总结时，需要深入思考活动的目标是否达成，以及是否需要对策略进行调整。

首先，定期回顾和总结可以帮助我们发现之前未注意到的问题。例如，在工作中，可能会发现某些流程不够顺畅，或者某些员工的工作效率不高。通过定期的回顾和总结，就可以找出这些问题并进行改进，从而提高工作效率和质量。其次，定期回顾和总结还可以验证之前的改进策略是否有效。在实施任何活动或计划之前都应该设定明确的目标。在回顾和总结时，需要仔细分析这些目标是否达成，以及哪些地方需要改进。如果发现目标没有达成或者不够明确，需要及时进行调整和完善。最后，定期回顾和总结可以帮助发现哪些地方需要改进并验证之前的改进策略是否有效，为未来的活动提供参考。

4. 建立反馈调整机制

公共图书馆阅读推广模型的评估结果分析与反馈是一个持续不断的过程，需要不断地进行数据收集、分析、调整和优化。评估结果的分析与反馈对于公共图书馆阅读推广模型来说是非常重要的。通过定期收集和分析数据，可以了解读者的阅读偏好、需求和行为模式，从而调整和优化推广策略，提高活动的针对性和效果。同时，可以通过反馈机制，及时发现和解决推广活动中存在的问题和不足，不断完善和提升服务质量。

为了确保评估结果分析与反馈的准确性和有效性，需要采取多种方法和手段。首先，要建立完善的数据收集系统，确保数据的全面性、准确性和及时性。其次，要对数据进行深入的分析和研究，挖掘其中的规律和趋势，为推广策略的制定提供有力的支持。最后，还需要建立有效的反馈机制，及时收集读者的意见和建议，了解他们的需求和期望，为推广活动的优化提供参考。在分析评估结果时，需要关注几个关键指标：首先是推广活动的参与度和效果。这可以通过统计活动现场人数、借阅量、读者满意度等指标来衡量。其次是读者的反馈和评价。这可以通过调查问卷、在线评价等方式来收集和分析。最后是活动的可持续性和长期效益。这需要对活动进行全面的评估和分析，包括预算、人力资源、时间等方面的考虑。通过不断地进行数据收集、分析和调整优化，可以确保公共图书馆阅读推广模型的有效性和持续性。这不仅可以提高读者的阅读体验和满意度，还可以为图书馆的长期发展提供有力的支持。因此，应该重视评估结果分析与反馈的作用，不断推动公共图书馆阅读推广事业的发展和进步。

六、基于理论模型的阅读推广工作建议与策略探讨

（一）理论模型引入

在阅读推广的工作中，可以引入"读者中心模型"作为理论基础。该模型强调以读者为中心，关注读者的需求、兴趣和特点，从而制定更为有效的阅读推广策略。

（二）目标群体细分

对目标读者群体进行深入的分析和了解，有利于为他们制定个性化的阅读推广方案。首先，对目标读者群体进行细分，了解他们的年龄、性别、职业、兴趣等特征。例如，儿童和青少年是阅读推广的主要目标之一，因为他们正处于阅读素养和认知能力形成的关键时期。针对这一群体，可以采取寓教于乐的方式，选择适合他们年龄和兴趣的阅读材料，如绘本、童话、科普书籍等；还可以开展丰富多彩的阅读活动，如读书分享会、朗读比赛、阅读体验营等，以激发他们的阅读兴趣和热情。此外，还可以根据不同群体的兴趣爱好，选择适合他们的阅读材料，如文学爱好者可以选择经典文学作品、科幻爱好者可以选择科幻小说等。图书馆通过针对不同群体制定个性化的阅读推广方案，

可以更好地满足不同读者的需求和兴趣，提高阅读推广的效果和质量。

同时，图书馆还可以通过开展不同主题的阅读活动，筛选出不同喜好的读者群体，更有针对性地为他们提出不同的阅读方案。比如可以设立读书俱乐部和线上论坛等平台，通过设置各种主题板块，如文学、历史、科学等，以便让读者能够根据自己的兴趣爱好来选择相应的板块进行交流。

（三）定制化推广策略

面对着浩如烟海的书海，很多读者往往会感到无从下手，不知道该读什么。针对这种情况，提供定制化的阅读推荐成为越来越多人的需求。通过针对不同读者群体、兴趣爱好和阅读习惯进行推荐，可以满足读者的个性化需求，提高他们的阅读体验和兴趣。同时，这些推荐也可以帮助读者更好地理解和掌握知识，促进他们的成长和发展。因此，应该积极探索和实践这种个性化的阅读推荐方式，为读者提供更好的阅读服务。

（四）新技术新手段的运用

1. 新技术的运用

数字技术和网络资源的日益普及，为阅读推广工作提供了便利，根据读者的阅读历史和偏好，为他们推荐合适的书籍，满足他们不断增长的阅读需求。更为重要的是，电子书和网络阅读平台打破了时间和空间的限制。读者可以在任何时间、任何地点进行阅读，无论是在家里、在公共交通工具上，还是在旅游途中，都可以轻松地获取所需的阅读资源。阅读推广工作不仅可以利用新技术手段推广图书服务，也可以利用新技术手段服务读者阅读，为读者提供合适的、受保护的、享有版权的阅读资源。

2. 新手段的运用

跨界合作是当今社会非常流行的合作方式，它可以帮助不同领域的公共图书馆、机构和组织之间实现资源共享和优势互补，具有广泛的应用前景。例如，图书馆和出版社、教育机构之间通过跨界合作共同推广阅读文化。首先，出版社拥有丰富的图书资源，教育机构则有着广泛的读者群体和丰富的教育经验。与两者合作共同制定阅读计划和推广方案，可以利用各自的优势资源，针对性地吸引大批青少年读者。其次，图书馆与社区组织合作，通过开展读书会、讲座、展览等活动，利用社区贴近基层的优势，为图书馆提供更准确的市场信息和读者反馈，吸引大批老年读者及家庭读者。最后，跨界合作还可以通过建立合作平台、资源共享等方式，实现更高效的资源利用和更广泛的资源共享。

（五）打造推广品牌

塑造一个独特的阅读推广品牌，旨在增强读者对活动的认同感和归属感。

以读者为中心的理论模型强调对读者的深入理解，强化与读者的互动，建立有效的反馈机制，并结合定制化、数字化、跨界合作和品牌化等策略，更有效地推广阅读，培养大众的阅读习惯，提高社会的阅读水平。

实际案例说明：乌海市扎实推进全民阅读工作，深入打造"全民阅读·书香乌海"文化品牌，用时尚元素装扮阅读阵地，打造有影响力的特色阅读品牌，开展丰富多彩的全民阅读系列活动，不断拓展全民阅读的深度和广度。

乌海市行政中心 C 座东厅的共享阅读空间，具有读书学习、图书交换、文艺创作等多个功能，旨在把休闲、阅读、社交等前沿的文化思想理念与原有的环境、设施相融合，为广大干部职工提供一个静心阅读的场所，成为干部职工工作之余的热门"打卡地"。

乌海市积极打造现代风格的福河书苑、徽派风格的好人苑书馆、户外风格的竞人书店、书法风格的阅遇书吧等别具特色的图书馆、书店，用最时尚的元素装扮阅读阵地，确保总有一个格调能够吸引居民，激发阅读热情。

乌海市在银行、医院、税务、电业等 165 个窗口单位建设阅读区域，免费配送 36065 种共 53683 册图书，并将这些图书与市、区两级图书馆资源进行共享，定期更换书籍，实现全市图书全域配送、全域流通、全域循环。

同时，乌海市协助鸿雁书屋、草原书屋引入第三方管理团队，积极号召城市书房和各大书店根据市民生活习惯，延长开放时间，打造 7×12 小时阅读阵地，确保广大上班族在 8 小时以外，能够走进图书馆、书店，利用闲暇时间学习，在舒适的环境中享受阅读服务。

着眼于"书香校园"建设，乌海市引导全市各级各类中小学、幼儿园充分利用教室角落、楼道、楼梯间等位置建立"廊道图书站""班级图书角""图书漂流站"等阅读区域 1300 余个，将阅读浸润到校园各个角落。

乌海市年均开展"丁香读书节""葡萄娃娃讲故事""当道德模范遇到最美书店""国学讲堂"等大型主题活动 160 余场。还积极推动各区培育打造"书香乌海 YUE 在海勃湾""红柳阅享""北方海南书香飘·全民阅读"等辖区阅读品牌，力争"月月有主题、周周有活动、天天有声音"。[①]

第三节　全球化阅读推广经验

一、全球化阅读推广在公共图书馆发展过程中的重要意义

（一）推动公共图书馆的使命实现

公共图书馆的使命是点燃读者阅读的热情与提升读者的阅读素养。当公共图书馆谈论国际阅读推广时，指的是一种全局性的推广活动，旨在通过各种方式鼓励和引导人们参与阅读。国际阅读推广活动能够进一步推动公共图书馆实现其使命，让更多的人走进图书馆，享受阅读的乐趣。

在全球化的背景下，阅读是公共图书馆获取信息、理解世界的重要途径。通过国际阅读推广，公共图书馆能够拓宽视野，了解不同的文化和观念，提升公共图书馆的综合素质。

国际阅读推广作为一种全局性的推广活动，能够进一步推动公共图书馆实现阅读推广的使命。通过创新推广方式、提供多元化的阅读材料以及培养专业的阅读推广人员等措施的实施，公共图书馆可以让更多的人走进图书馆，

---

① 资料来源："全民阅读·书香乌海"文化品牌越擦越亮 (wuhai.gov.cn)http://www.wuhai.gov.cn/wuhai/whyw75/whyw12/1690181/index.html

享受阅读的乐趣。

（二）丰富公共图书馆的阅读资源

在国际阅读推广活动中，公共图书馆扮演着重要的角色。它们通过与国外图书馆、出版社、文化机构等建立合作关系来引进世界各地的优秀图书和阅读资源。这些资源涵盖了不同领域，包括文学、历史、科学、艺术等。公共图书馆通过国际阅读推广活动，可以引入更多的国际优秀图书和阅读资源，为图书馆提供了更多的服务内容和资源支持，丰富图书馆的馆藏，为读者提供更多元化的阅读选择。这不仅有助于提升公共图书馆的阅读服务质量，更满足了读者日益多样化的阅读需求。

（三）促进跨文化交流

国际阅读推广一直以来都是文化交流的重要手段，它强调各国之间的文化交流与理解。在全球化时代，公共图书馆作为文化交流的重要平台，其角色和责任也尤为重要。通过推广活动，公共图书馆可以将不同国家的文学作品引入本馆，促进不同文化之间的交流与碰撞。这种交流不仅有助于拓宽读者的视野，也有助于推动社会文化的多元发展。

公共图书馆作为文化交流的重要平台，具有得天独厚的优势。它们不仅拥有丰富的馆藏资源，还拥有能够策划和组织各种文化活动的专业团队。在国际阅读推广方面，公共图书馆可以通过以下几种方式来促进文化交流和理解：

首先，公共图书馆可以通过举办主题阅读活动引入不同国家的文学作品。在活动中，读者可以接触到不同国家的文学作品，了解不同国家的文化、历史和价值观。这些文学作品可以是经典的文学作品，也可以是当代的流行小说。通过阅读这些作品，读者可以更深入地了解其他国家的文化，增强对其他国家的认识和了解。

其次，公共图书馆可以通过举办文化讲座来促进文化交流。在讲座中，专家学者可以就某一文化现象进行深入的剖析和讲解，帮助读者更好地理解其他国家的文化。

再次，公共图书馆可以邀请其他国家的文化代表团来进行交流和演讲，让读者更直接地了解其他国家的文化。

最后，公共图书馆可以通过开展翻译活动来促进不同文化之间的交流。翻译是促进文化交流的重要手段之一，它可以将不同国家的文学作品翻译成其他国家的语言，让更多的人能够了解其他国家的文化。同时，翻译也可以促进不同语言之间的交流和理解，增进不同国家之间的友谊和合作。在国际阅读推广方面，公共图书馆的作用不仅仅局限于推广文学作品，它们还可以通过其他方式来促进文化交流和理解。例如，公共图书馆可以开展数字图书馆建设，将数字化资源引入到文化交流中；它们还可以开展跨国合作项目，与其他国家的公共图书馆进行合作交流。

此外，公共图书馆还可以通过开展公益讲座、展览等活动来促进文化交流和理解。公共图书馆作为文化交流的重要平台，在国际阅读推广方面扮演着越来越重要的角色。通过举办主题阅读活动、文化讲座、翻译活动等方式来促进不同国家之间的文化交流和理解；同时可以通过其他方式来拓展文化交流的途径和手段。这些努力不仅有助于拓宽读者的视野，也有助于推动社会文化的多元发展，为构建一个和谐、包容的社会做出积极的贡献。

（四）提升公共图书馆的国际影响力

参与国际阅读推广是公共图书馆提升国际知名度和影响力的有效途径。通过与国际接轨的阅读推广活动，公共图书馆能够吸引更多国际读者的关注，提高其在国际文化舞台上的地位。在全球化日益盛行的今天，公共图书馆作为文化和信息的传播者，应当积极参与到国际阅读推广中。这不仅是为了提升自身的国际知名度，更是为了增强其在国际文化交流中的影响力。

通过与国际接轨的阅读推广活动，公共图书馆能够让更多的人了解和接触到世界各地的优秀文化，促进不同国家和地区之间的文化交流和理解。参与国际阅读推广也有助于公共图书馆提高服务质量。通过与国际接轨的阅读推广活动，公共图书馆能够了解到世界各地的优秀阅读推广案例和经验，进

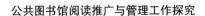

而改进自身的服务。这不仅能够提高读者的阅读体验，还能够提升公共图书馆在行业中的竞争力。此外，参与国际阅读推广还能够促进公共图书馆的数字化建设，了解和掌握更多的数字化阅读技术和手段，为读者提供更加便捷和丰富的阅读服务。

为了更好地参与国际阅读推广，公共图书馆需要加强对国际阅读推广的关注和研究；注重与国际接轨的阅读推广活动的策划和实施；加强与国际图书馆界的交流与合作等。只有这样才能够更好地发挥公共图书馆的文化传播作用，为推动全球文化交流做出更大的贡献。

（五）推动阅读社会的建设

在当今世界，阅读被认为是开启知识大门的钥匙，是提高个人素养和促进社会进步的重要途径。国际阅读推广的兴起不仅有助于在全球范围内营造浓厚的阅读氛围，更有助于建设阅读社会。随着全球化的不断深入，各国之间的文化交流日益频繁。在这个过程中，阅读作为人类非常宝贵的财富之一，其价值得到了更广泛的认可。国际阅读推广应运而生，旨在通过各种形式的阅读活动提高人们的阅读兴趣和阅读能力，进而促进全人类的智慧传承和知识创新。

国际图联（International Federationof Library Associations and Institutions, IFLA）作为国际图书馆界的权威组织，一直致力于推动全球范围内的阅读推广活动。通过参与 IFLA 的各项活动，公共图书馆可以获得更多的国际合作机会，学习各国在阅读推广方面的成功经验，提升自身的服务水平。例如，IFLA 每年都会举办世界图书馆和信息大会（WLIC），这是一个展示全球图书馆界最新研究成果和交流经验的平台。公共图书馆可以通过参加 WLIC，了解最新的阅读推广趋势和技术，结识来自世界各地的同行，共同探讨如何更好地推动全民阅读。在构建书香社会的过程中，公共图书馆扮演着举足轻重的角色。它们通过提供丰富的馆藏资源、营造舒适的阅读环境、策划有趣的阅读活动等措施为读者打造了一个个充满智慧和启迪的世界。

二、我国全球化阅读推广现存的问题

（一）推广策略缺乏创新

我国的国际阅读推广活动在策略上相对单一，缺乏足够的创新意识。很多活动仍然停留在传统的推广方式上，如读书讲座、书展等，对于运用现代科技手段，如互联网、社交媒体等进行多元化推广还需进一步探索。在国际阅读推广中，公共图书馆需要更加注重创新意识和多元化推广策略的运用，通过培养具备创新意识、多元化的推广人才，为国际阅读推广事业注入新的活力和动力。我国的国际阅读推广事业需要进一步探索多元化的推广策略和创新意识的培养。通过运用现代科技手段和多元化的活动形式与内容，公共图书馆可以吸引更多的读者参与到阅读推广中来，推动我国国际阅读推广事业的发展。

（二）跨文化交流不足

国际阅读推广的重要目标之一是促进跨文化交流，这不仅是为了提高全球文化的多样性，更是为了增进不同文化背景人群之间的相互理解和友谊。外国文学作品是了解一个国家、一个民族最直接、最真实的窗口。通过阅读外国文学作品，公共图书馆可以深入了解不同文化的价值观念、思维方式、生活习惯等，从而促进跨文化交流。但是，在我国当前的阅读推广活动中引入和推广的外国文学作品相对较少，这使得公共图书馆失去了一个重要的了解其他文化的机会。造成这一现象的原因是多方面的。首先，由于语言障碍，很多读者对外国文学作品望而却步。其次，由于文化差异，很多外国文学作品在引入中国后，需要进行一定的改编和注释，以适应中国读者的阅读习惯和审美偏好。最后，由于市场原因，一些出版社更愿意引入那些已经在中国市场取得成功的外国文学作品，而对于那些尚未被广泛接受的外国文学作品缺乏引入的动力。这在一定程度上限制了跨文化交流的深度和广度。

（三）阅读资源不均衡分布

我国地域广阔，从东到西，从南到北，地理环境、文化传统和经济发展水平都有很大的差异，这种地理和经济的多样性也使得我国的阅读资源分布极不均衡。在中国的广大农村地区，由于资金不足和资源有限。许多图书馆的藏书量相对较少，无法充分满足读者的阅读需求。相较于城市图书馆的丰富多样，这些农村地区的图书馆往往缺乏更新鲜、更丰富的图书资源，这对阅读推广来说无疑是一个巨大的挑战。在偏远地区，由于地理位置和经济条件的限制，建立和维护图书馆的难度更大。这些地方的读者往往更难接触到高质量的阅读材料，这是对他们阅读权利的一种严重限制。即使在城市地区，由于人口密集，读者需求量大，公共图书馆的资源也常常面临压力。虽然城市图书馆的藏书量相对较大，但面对庞大的读者群体，这些资源往往捉襟见肘。此外，经济发展的不平衡也导致了数字阅读资源的分布不均。在一些经济欠发达地区，由于网络覆盖率低，数字阅读资源的获取更加困难。即使在这些地区建立了网络设施，但由于网络速度慢、质量差，读者也难以享受到便捷的数字阅读服务。我国地域广阔和经济发展不平衡的问题对阅读资源的分布产生了深远的影响。

为了解决这个问题，公共图书馆需要采取更多的措施来平衡不同地区的阅读资源分布。政府应加大对农村地区和偏远地区的图书馆建设的投入，提高这些地区的图书馆藏书量，以满足读者的阅读需求。同时，公共图书馆还应积极利用现代科技手段推广数字阅读资源，让更多的人享受到阅读的乐趣。

（四）社会参与度有待提高

虽然我国政府已经认识到阅读推广的重要性并开始给予更多的重视，但社会各方面的参与度仍然有待提高。为了形成全面推广阅读的格局，需要充分发挥学校、社区和家庭等各方面的作用，共同推动阅读文化的普及和深入。首先，学校作为学生接受教育的主要场所，应当在阅读推广中发挥关键作用。

一方面，学校可以通过开展丰富多彩的阅读活动，引导学生养成良好的阅读习惯，提高阅读兴趣和能力。例如，组织读书俱乐部、阅读分享会、朗诵比赛等活动，鼓励学生积极参与阅读，分享阅读心得和体验。另一方面，学校可以通过设置阅读课程、推荐阅读书目等方式，加强对学生阅读方法的指导和培养，提高学生阅读的水平和效率。其次，社区作为人们生活的主要区域，应当积极参与到阅读推广中来。通过建设社区图书馆、书店、阅读角等阅读设施，为居民提供便捷的阅读环境和资源。同时，社区还可以组织各种形式的阅读活动，如读书沙龙、亲子阅读等，促进居民之间的交流和互动，激发大家的阅读热情和创造力。最后，家庭作为个体休息和充电的港湾，同样需要在阅读推广中发挥重要作用。家庭可以通过培养家庭阅读习惯、创设家庭阅读环境等方式让阅读成为家庭生活的一部分。家长可以与孩子一起阅读、讨论书籍内容，引导孩子树立正确的价值观和世界观。同时，家庭可以通过参与社区和学校的阅读活动，提高孩子的社会适应能力，增进亲子关系。为了形成政府、社会、家庭共同参与的阅读推广格局，还需要加强各方面的合作和协调。政府可以出台相关政策法规，鼓励和支持社会各界参与阅读推广；社会组织也可以发挥自身优势，开展各种形式的阅读活动；家庭则可以通过培养孩子的阅读兴趣和能力，为他们的未来发展打下坚实的基础。政府、社会和家庭等各方面应共同参与阅读推广工作，充分发挥各自的优势和作用，共同推动我国全民阅读事业的发展。

（五）评估与监督机制不完善

在全球化阅读推广活动中，评估和监督机制的欠缺是一大问题。在当前的全球化阅读推广活动中，虽然公共图书馆开展了一系列丰富多彩的活动，但其往往只关注活动的规模和参与人数，而忽视了活动的效果和影响。这种做法导致公共图书馆无法全面了解推广活动对读者阅读习惯、阅读兴趣以及阅读能力的影响，也无法判断活动对提高国民阅读水平的作用。评估和监督机制的完善还可以促进国际阅读推广活动与其他文化、教育领域的交流合作。通过与其他领域的交流合作，公共图书馆可以共享资源、互通有无，共同推

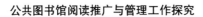
动全球文化教育事业的发展。建立健全的国际阅读推广活动评估和监督机制至关重要。只有建立健全评估与监督机制，公共图书馆才能准确衡量活动的效果和影响，及时发现问题、总结经验，为推广活动的持续改进和发展提供有力支持。同时，评估和监督机制的完善可以促进国际阅读推广活动与其他领域的交流与合作，推动全球文化教育事业的发展。

三、我国全球化阅读推广解决策略

（一）创新推广策略

数字化时代，科技的发展正在深刻地改变人们的生活方式和阅读习惯。结合现代科技，如大数据、人工智能等，公共图书馆可以更精准地定位读者群体，为其推荐合适的读物。通过利用短视频平台、社交媒体等进行线上阅读推广，公共图书馆能够吸引更多的年轻人参与阅读，进一步拓展阅读群体的范围。大数据技术的应用使得公共图书馆能够收集和分析海量的用户数据，了解读者的阅读偏好、兴趣爱好等信息。通过这些数据，公共图书馆可以对读者进行精准的分类和定位，根据其特点推荐适合的读物。

人工智能技术在推荐系统中的应用进一步提高了推荐的精准度和个性化程度。通过分析读者的阅读行为和偏好，人工智能技术可以学习并模拟读者的兴趣爱好，为读者推荐更符合其喜好的读物。同时，人工智能技术还可以根据读者的阅读反馈和评价，对推荐策略进行优化和调整，不断提高推荐的准确性和有效性。在推广线上阅读方面，短视频平台和社交媒体扮演着重要的角色。这些平台拥有广泛的用户群体，尤其是年轻人群体。通过在这些平台上发布精美的图书推荐视频、免费章节试读、开展线上读书会等方式，公共图书馆可以吸引更多的年轻人关注阅读，并激发他们对阅读的兴趣和热情。同时，这些平台还为读者提供了便捷的分享和传播功能，让读者可以轻松地将自己喜欢的书籍分享给朋友和家人，进一步扩大阅读的影响力和传播范围。

通过科技的力量，公共图书馆有望让阅读焕发出更加强大的生机和活力。

（二）加强跨文化交流

1. 加强资源建设

极大地丰富多元文化的馆藏，广泛且全面地收集来自不同文化背景的各类书籍、详实的资料以及相关文献等；精心建立具有显著特色的数据库，从而让读者能够更加便利地获取到特定文化的详尽信息。

2. 活动开展策略

周期性且规律地举办形式多样的文化展览和内容丰富的讲座，诚挚地邀请在相关领域造诣深厚的专家学者前来分享跨文化的专业知识；用心组织精彩纷呈的跨文化交流活动，例如极具吸引力的文化体验工作坊等。

3. 人员培养策略

全方位提升馆员的跨文化素养，通过系统且专业的培训，促使他们深刻了解不同文化的鲜明特点和显著差异；有条不紊地开展针对性强的相关培训课程，切实提高馆员在跨文化交流方面的服务能力。

4. 合作与联盟策略

积极与国内外的图书馆开展密切合作，全力实现资源的广泛共享和宝贵经验的充分交流；踊跃参与影响力大的跨文化交流联盟，携手共同大力推动跨文化交流事业的蓬勃发展。

（三）优化阅读资源分布

由于地域和经济差异，中西部地区和农村地区的公共图书馆建设往往滞后于城市。因此，加大对中西部地区和农村地区公共图书馆的建设和资金支持，促进阅读资源的均衡分布，成为当前阅读推广的重要任务。首先，政府应加大对中西部地区和农村地区公共图书馆的投资力度。这不仅包括图书馆的硬件设施建设，如场地、建筑、设备等，还要提供充足的软件资源，如图书、期刊、数据库等。这些措施的实施可以改善当地居民的阅读环境，提高他们的文化素养和生活品质。其次，加强对偏远地区的网络数字建设，使数字图书馆可以畅行在偏远地区，完成阅读资源均衡分布。随着互联网技术的不断发展，数字图书馆已经成为信息时代的重要基础设施。通过数字图书馆，读者可以在任何地方、任何时间访问到丰富的电子资源，弥补地域间的信息鸿沟。

实际案例分析："致公·爱阅"图书馆公益项目，是致公党深圳市委会通过组织基层支部点对点持续开展的一项帮扶活动，目的是为乡村儿童营造舒适的阅读成长环境，培育他们终身受用的阅读习惯和能力，达到"志智双扶"，激发贫困群众自我发展内生动力的效果。其本着扶贫先扶智的理念，以"为山区留守儿童点亮一盏心灵的明灯"为目标，2016 年，正式启动了"致公·爱阅"图书馆公益项目。五年来，已经在全国各地建成了 19 所乡村图书馆。与之相配套的，还有一个包括更新图书、维护用具，开展义诊和知识讲座等系列公益活动的 5 年帮扶计划。[①]

四、国际阅读推广活动案例

（一）新加坡的"阅读新加坡"活动

该活动是由新加坡政府发起的，旨在推广阅读文化。新加坡政府通过联合多个文化机构，在学校、公共图书馆和社区设立阅读角，为民众提供丰富的阅读资源。在新加坡，政府对阅读推广活动的重视程度非常高，将其视为国家发展的重要战略之一。政府不仅投入了大量资金支持活动推广，还积极联合多个文化机构共同参与。这些文化机构包括新加坡国家图书馆、各大出版社、书店等，它们为活动提供了大量的优质读物，确保民众能够接触到高品质的阅读资源。除了提供阅读资源外，该活动还通过多种形式鼓励民众积极阅读。例如，设立阅读角，为民众提供舒适的阅读环境；举办作家见面会、讲座、研讨会等，让读者有机会与知名作家进行互动交流，深入了解作品的创作背景和内涵；开展阅读分享会，让读者有机会分享自己的阅读体验和感悟。每年 9 月是新加坡的"全国阅读月"。在此期间，新加坡书籍发展理事会

---

① HYPERLINK "https://www.sznews.com/news/content/2020-06/29/content_23293689.htm"【扶贫济困】"致公·爱阅"图书馆公益项目：点亮大山深处的那盏明灯 _ 深圳新闻网 (sznews.com)

通过多种形式鼓励各个阶层，特别是青少年的读书风气。活动包括举办国际书展、讲故事表演、木偶戏、儿童戏剧表演、诗歌或戏剧比赛等。辅助活动包括专题研讨会、专题演讲等。此外，从1990年起还增加了国际讲故事节。在阅读月期间，日本、中国、印度、马来西亚、加拿大、澳大利亚等国人士被邀参加，使阅读月增色不少。该活动不仅在新加坡国内取得了成功，还吸引了大量国际读者的关注和参与。许多国际知名作家也应邀参与了活动，与读者进行面对面交流。这些交流活动不仅增加了读者对作品的理解深度，还促进了不同文化之间的交流与融合。新加坡政府主导的阅读推广活动充分展示了政府对文化事业的重视和支持，也为民众提供了一个良好的阅读平台。通过多种形式的推广活动，该活动成功地激发了民众的阅读热情和兴趣，为新加坡的文化事业发展做出了积极贡献。

（二）挪威的"全国阅读月"

挪威的"全国阅读月"期间所有公共图书馆都会举办一系列丰富多彩的阅读推广活动，旨在激发全民对阅读的热情和兴趣。"全国阅读月"已经成为挪威文化领域的一大盛事，吸引了无数读者的积极参与。在这个特殊的月份里，挪威的公共图书馆推出了各种令人兴奋的活动，如朗读会、小型书展、作家签名会等。这些活动不仅为读者提供了与作家面对面交流的机会，还让他们能够在轻松愉悦的氛围中分享阅读的乐趣。不仅如此，图书馆还开展了一系列讲座和研讨会，让读者更深入地了解书籍背后的故事和知识。除了图书馆，挪威的媒体、学校和社区也积极参与"全国阅读月"活动。媒体为活动提供了广泛的宣传和支持，学校和社区组织各种阅读俱乐部和小组，让更多的人有机会接触到优秀的文学作品。这些活动不仅增加了阅读的趣味性和互动性，还让更多的人通过阅读建立了社交网络和友谊。"全国阅读月"活动的成功举办，离不开挪威政府的大力支持和推广。政府不仅为活动提供了充足的资金和资源支持，还鼓励公共图书馆和个人积极参与，共同为活动造势。经过全民的共同努力，"全国阅读月"已经成为挪威文化领域的一面旗帜，为推动全民阅读和文化素养的提升做出了重要贡献。"全国阅读月"活动为挪威

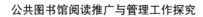

人民提供了一个展示自己阅读热情和才华的平台，也为推动全民阅读和文化素养的提升做出了积极贡献。通过这个活动，可以看到挪威人民对阅读的热爱和追求，以及政府和社会各界对文化事业的重视和支持。

（三）英国的"阅读起跑线"项目

1992 年起，英国公共图书馆与教育机构联合推出了一项旨在为 0~4 岁的孩子提供免费阅读资源和指导的"阅读起跑线"项目，以鼓励他们从小培养阅读习惯。这个项目不仅为孩子们提供了丰富多彩的图书和阅读活动，还为他们培养了良好的阅读习惯和兴趣。研究表明，早期阅读能够激发孩子的想象力和创造力，提高他们的语言和沟通能力，帮助他们更好地适应学校生活。因此，这个项目不仅为孩子们提供了阅读的机会，还为他们未来的发展打下了坚实的基础。

起初，该计划只是在小范围内开展一些试验项目，并且只针对英国国内贫困地区的儿童。随着赞助商的增加，以及各地政府、社会团体的关注，这一计划逐渐发展壮大。2000 年 3 月，伴随着全英国 92% 地方政府的加入，该计划扩展成为一个全国性阅读指导计划。从此，"阅读起跑线计划"成为世界上第一个国家性质的阅读推广活动。

为了确保项目的成功实施，图书馆员和志愿者接受了专业的培训，成为合格的阅读指导者。他们不仅具备了专业的知识和技能，还学习了如何针对不同年龄段的孩子进行有效的阅读指导。经过这些培训，图书馆员和志愿者能够为孩子和家长提供专业的阅读建议，帮助他们更好地理解和欣赏所阅读的书籍。除了提供专业的阅读指导外，这个项目还注重细节的描写。图书馆为孩子们精心挑选了各种类型的图书，包括绘本、故事书、科普读物等，以满足不同孩子的阅读需求。同时，图书馆还为孩子们提供了舒适的空间和设施，让他们在轻松愉悦的氛围中享受阅读的乐趣。此外，"阅读起跑线"项目还得到了政府的大力支持，政府相关部门为项目的实施提供了必要的资源和资金支持，以确保其顺利推进。这些资金被用于购买图书、培训图书馆员和志愿者、推广项目等方面。

（四）成功原因分析

1. 政府支持

在上述案例中，政府起到了关键的推动作用，不仅提供资金支持，还制定相关政策，确保活动的顺利进行。政府与各个机构的紧密合作使得资源得到有效整合和利用。这种支持不仅在政策层面得到体现，更在具体实施过程中显现出重要性。政府对相关项目的支持不仅为项目提供了必要的资金保障，更在全社会范围内提升了项目的影响力和可信度。以某地区的"智慧城市"建设为例，政府在此过程中扮演了至关重要的角色。首先，政府提供了大量的资金支持，为项目的启动和初期建设提供了必要的保障。此外，政府还出台了一系列政策法规，确保项目的顺利实施和运营。这些政策包括对参与项目的公共图书馆的税收优惠、对项目的贷款利率减免等。在政府的大力推动下，该项目得到迅速展开，各种社会资源也得以有效整合和利用。政府与科研机构、公共图书馆等各方紧密合作，共同推进项目的实施。在此过程中，政府还积极引导社会资本的投入，为项目的持续发展提供了强有力的支持。政府的支持对于此类项目的成功实施具有决定性的作用。一方面，政府的资金支持为项目提供了必要的保障，使得项目能够顺利启动并得到持续发展；另一方面，政府的政策支持为项目的实施提供了必要的保障和规范，使得项目能够在有序的轨道上发展，政府在上述案例中的支持作用充分显现了其在推动社会经济发展中的关键作用。这种支持不仅有利于具体项目的成功实施，更有利于整个社会的和谐发展。因此，公共图书馆应该充分认识到政府支持的重要性，并在未来的发展中继续发挥政府的关键作用。

2. 社会参与

成功的阅读推广活动离不开社会的广泛参与，这已成为共识。通过学校、社区、家庭、媒体等多方力量的共同努力，阅读推广活动的影响力得以扩大，形成了全社会共同关注、共同参与的良好氛围。这种氛围的形成不仅得益于各方的积极参与，更得益于活动的创新性和吸引力。首先，学校是阅读推广活动的重要力量。在校园里，学生们不仅可以接触到丰富的图书资源，还可以参加各种有趣的阅读活动。例如，朗读比赛、读书分享会、作家讲座等，激发学生对阅读的兴趣，提高他们的阅读能力和素养。同时，学校可以邀请家长参与阅读推广活动，如亲子共读、家长座谈会等，让家长了解孩子阅读的需求和状况，更好地支持和引导孩子的阅读。其次，社区也是阅读推广活动的重要平台。社区可以组织各种形式的阅读活动，如社区图书馆、读书俱乐部、作家讲座等，吸引更多的居民参与阅读。同时，社区还可以与学校合作，开展校园读书活动，让更多的学生参与其中。通过社区的力量，让阅读推广活动深入人心，让更多的人享受到阅读的乐趣。再次，家庭也是阅读推广活动的重要场所。家长可以通过与孩子共读、鼓励孩子阅读、引导孩子选择合适的读物等方式，培养孩子的阅读习惯和兴趣。家庭阅读不仅可以提高孩子的阅读能力和素养，还可以增强家庭成员之间的互动和情感联系。最后，媒体也是阅读推广活动的重要工具。媒体可以通过报道、宣传等方式，提高公众对阅读的关注度和兴趣。同时，媒体还可以邀请专家学者进行解读、评论等，帮助公众更好地理解和欣赏文学作品。通过媒体的力量，阅读推广活动可以更加广泛地传播和影响到更多的人。

成功的阅读推广活动都注重社会的广泛参与，通过学校、社区、家庭、媒体等多方力量的共同努力，形成全社会共同关注、共同参与的良好氛围。

这种氛围的形成不仅得益于各方的积极参与和支持，更得益于活动的创新性和吸引力。因此，公共图书馆应该继续加强阅读推广活动的设计和策划，吸引更多的人参与其中，享受阅读的乐趣。

3. 创新推广策略

这些活动都以策略创新为核心，致力于将文化与民众需求相结合，创造出独具特色的推广方式，吸引更多民众参与。以新加坡的作家见面会为例，它不仅提供了一个展示本地作家的平台，还通过互动环节和读者交流，让读者更深入地了解作品，从而激发他们的阅读兴趣。同时，挪威的"全国阅读月"和英国的"阅读起跑线"活动也分别结合本地的特色和文化背景开展了一系列富有创意的阅读活动，如挪威的读书接力赛和英国的阅读挑战等，这些活动都极大地推动了阅读文化的普及和深入。这些活动的成功，不仅在于它们的创新策略，更在于它们的文化内涵和民众的参与度。每个活动都充分挖掘了本地的文化特色和民众的需求，将它们与阅读相结合，创造出独具特色的推广方式。这种方式不仅吸引了更多的民众参与，还让民众在参与中感受到了文化的魅力和价值。此外，这些活动还通过多种渠道进行宣传和推广，如社交媒体、电视广告、报纸报道等，让更多的人了解和参与到活动中来。这种全方位的宣传和推广方式，也为活动的成功提供了有力的保障。

国际阅读推广的成功离不开政府、社会和推广策略等多方面的共同努力和配合。只有这些因素得到有效整合，阅读推广活动才能真正深入人心，达到预期的效果。第一，政府在阅读推广中扮演着重要的角色。政府应该制定有利于阅读推广的政策和法规，如支持图书馆建设、提供阅读资源和资金支持等。同时，政府还应该倡导并鼓励民众参与阅读活动，提高全民的阅读意识和素养。第二，社会力量的参与是阅读推广成功的关键。学校、家庭、社区和志愿者组织等应该共同参与阅读推广活动，为学生和民众提供阅读资源和指导。此外，媒体也应该发挥其宣传作用，提高阅读推广活动的知名度和影响力。第三，推广策略的选择至关重要。阅读推广活动应该根据目标人群的需求和特点进行设计和实施，如针对不同年龄段、文化背景和兴趣爱好的人群推出不同的阅读资源和活动。同时，推广策略还应该注重活动的可持续性和长期效益，确保阅读推广活动能够长期开展并取得预期的效果。为了实现这些目标，国际阅读推广活动需要得到全球社会各界的广泛关注和支持。政府、社会和推广策略等多方面的共同努力和配合是确保阅读推广活动成功的关键因素。只有当这些因素得到有效整合，阅读推广活动才能真正深入人心，为提高全球阅读水平、培养阅读习惯和传播知识做出贡献。

第四章　图书馆施行阅读推广的策略与方法

第一节　阅读推广活动策划与组织

一、策划阶段

（一）明确目标

首先，要明确活动的目标，如增加图书借阅量、提高阅读兴趣、推广特定主题的图书等。为了实现这些目标，活动策划者需要制订具体的计划，包括活动的主题、形式、时间、地点、参与人员等。在制订计划时，策划者需要考虑目标读者的需求和喜好，以及当前的社会和文化背景。活动的主题应该是吸引人的、能够引起读者兴趣的。例如，如果目标是增加图书借阅量，可以考虑举办"读书月"活动，鼓励读者多借阅图书；如果目标是提高阅读兴趣，可以举办"阅读之星"评选活动，激励更多的人参与阅读；如果目标是推广特定主题的图书，可以举办相关的讲座或展览，吸引读者了解和购买这些图书。在确定活动的形式时，策划者需要考虑读者的参与方式和参与程度。例如，可以举办读书会、讲座、展览等活动，让读者有机会直接与作者或嘉宾交流；也可以通过线上或线下的读书俱乐部、阅读小组等形式，让读者可以在自己的社区中找到志同道合的人，互相交流阅读心得和体验。在确定活动的时间和地点时，策划者需要考虑读者的时间和地点便利性。活动的时间应该考虑读者的日常生活和工作安排，避免与读者的时间冲突；地点的选择应该考虑读者的地理分布和交通情况，确保读者可以方便地参加活动。最后，在确定参与人员时，策划者需要考虑读者的背景和需求。参与人员应该包括作者、嘉宾、志愿者等，以确保活动的专业性和丰富性；同时需要考虑读者的反馈和建议，不断改进和优化活动方案。只有明确活动的目标，制订具体的计划，考虑读者的需求和喜好以及社会文化背景，才能策划出有吸引力和影响力的活动。

（二）确定主题

在春意盎然的日子里，读书不仅可以丰富读者的精神世界，还可以让读者感受到春天的气息。因此，选择一个引人入胜的主题，如"春天读书季"，可以吸引更多读者参与。在这个主题下，公共图书馆可以从不同的角度来推荐书籍。首先，公共图书馆可以根据读者的兴趣爱好来推荐一些经典的文学作品。例如，对于喜欢浪漫主义文学的读者，可以推荐雨果的《巴黎圣母院》或托尔斯泰的《战争与和平》；对于喜欢现代主义文学的读者，可以推荐卡夫卡的《变形记》或贝克特的《等待戈多》。另外，公共图书馆还可以根据书籍的类型来推荐一些适合春天阅读的书籍。例如，对于喜欢小说类作品的读者，可以推荐一些轻松愉快的小说，如村上春树的《挪威的森林》或J.K.罗琳的《哈利·波特》系列；对于喜欢历史类作品的读者，可以推荐一些关于世界历史的书籍，如《人类简史》或《世界历史》。此外，公共图书馆还可以通过一些有趣的方式吸引读者参与。例如，公共图书馆可以在社交媒体上发布一些关于春天读书季的图片和视频，或者在书店里举办一些有趣的互动活动。"春天读书季"是一个非常有趣的主题，可以让读者在轻松愉快的氛围中阅读自己喜欢的书籍。通过不同的推荐方式和有趣的参与方式，公共图书馆可以吸引更多读者参与这个活动，从而丰富他们的精神世界让他们感受到春天的气息。

（三）设定时间

首先，公共图书馆需要考虑活动的时间段。一般来说，周末或节假日是人们比较空闲的时间段，这些时间通常被认为是较好的选择。但这并不是绝对的，因为不同的活动和不同的受众群体可能会有不同的需求和偏好。所以，公共图书馆需要根据活动的性质和目标受众来进行选择。对于一些大型的活动，如音乐节或体育赛事，选择周末或节假日可以吸引更多的观众和参与者。因为这些活动需要大量的时间和精力，人们通常在周末或节假日才有足够的时间来参加。并且这些活动通常需要大量的场地和设施，而周末或节假日通常是这些场所的空闲时间。相反，对于一些小型活动来说，如讲座或研讨会，周末或节假日可能并不是最佳的选择。因为这些活动通常只需要少量的参与者，人们通常可以在工作日参加这些活动，而且一些工作繁忙的人可能更希望在工作日参加活动，以避免在周末或节假日安排额外的行程。其次，公共图书馆需要考虑活动的主题和目标受众。不同的主题和目标受众可能会有不同的需求和偏好。例如，一些与家庭相关的活动可能更适合在周末或节假日举行，因为家庭成员可以一起参加。而一些与工作相关的活动可能更适合在工作日举行，因为这样可以更好地安排工作和生活。再次，公共图书馆需要考虑活动的地点和设施。不同的地点和设施可能会有不同的限制和特点。例如，一些室内设施可能更适合在工作日使用，因为这样可以更好地控制场地和设施的使用。而一些户外设施可能更适合在周末或节假日使用，因为这样可以更好地利用场地和设施的优势。选择一个合适的活动时间需要考虑多种因素，包括活动的性质、目标受众、主题、地点和设施等。因此，公共图书馆需要根据具体情况进行选择。无论选择在周末或节假日举行活动，还是选择在工作日举行活动，公共图书馆都需要认真考虑活动的性质、目标受众、主题、地点和设施等因素，以确保活动能够吸引尽可能多的读者并取得成功。

（四）制定预算

在策划一场活动时，预算的制定是至关重要的一环。合理的预算可以帮助公共图书馆更好地掌控活动的规模和质量，确保活动的顺利进行。本节将探讨如何根据活动规模和内容制定合理的预算。首先，公共图书馆需要明确活动的规模和内容。这将有助于公共图书馆确定所需的场地、宣传材料以及奖品等物品的数量和质量。例如，如果公共图书馆要举办一场大型的慈善义卖活动，那么公共图书馆需要租赁一个较大的场地，购买大量的宣传材料和奖品。相反，如果是一场小型的朋友聚会，那么公共图书馆只需要租赁一个较小的场地，制作少量的宣传材料、购买一些小奖品。其次，公共图书馆需要制定详细的预算，包括场地租赁、宣传材料制作、奖品购买等费用。在制定预算时，公共图书馆需要考虑每项费用的合理范围。场地租赁费用可以根据场地的地理位置、大小、设施等因素来确定；宣传材料制作费用可以根据所需数量、印刷或制作成本等因素来确定；奖品购买费用可以根据奖品类型、数量、质量等因素来确定。再次，公共图书馆需要考虑一些额外的费用，如安保费用、保险费用、餐饮费用等。这些费用可能会因活动的规模和内容而有所不同。如果是一场大型的音乐节，那么公共图书馆需要雇用更多的安保人员来维持现场秩序；如果是一场医疗研讨会，那么公共图书馆可能需要购买保险，以应对可能出现的意外情况；如果是一场长跑比赛，那么公共图书馆可能需要提供免费的饮料和食物等。最后，公共图书馆需要对预算进行审核和调整。在制定预算时，公共图书馆很难考虑到所有的细节和突发情况。因此，在活动筹备过程中，公共图书馆需要不断地对预算进行审核和调整，确保预算的合理性和可行性。制定合理的预算是成功策划一场活动的关键所在。公共图书馆需要根据活动的规模和内容来制定详细的预算，并考虑到各种费用和突发情况。只有这样，公共图书馆才能确保活动的顺利进行，并取得预期的效果。

二、组织阶段

（一）场地布置

公共图书馆的布置对于营造一个舒适的阅读环境至关重要。根据不同的活动主题，公共图书馆需要提供相应的氛围和设施，以满足读者的需求和喜好。首先，设置专门的阅读区。阅读区应该提供充足的照明和舒适的座位，让读者能够安心地阅读书籍和文献。同时，为了给读者提供更好的阅读体验，图书馆应该提供一些辅助设施，如电脑、打印机、扫描仪等。这些设施可以让读者更加方便地获取所需信息，提高他们的学习效率。其次，设置讨论区。

讨论区可以为读者提供一个交流和讨论的平台，促进知识的传播和交流。在讨论区，读者可以自由地表达自己的观点和想法，与其他读者分享自己的经验和知识。此外，讨论区还可以为一些小型会议或研讨会提供场所，方便读者进行学术交流和研究合作。除了专门的阅读区和讨论区，公共图书馆还可以设置一些特色区域，如儿童阅读区、多媒体区、自习区等。这些区域可以根据不同读者的需求和喜好进行布置，让读者能够在一个多元化的环境中获取信息和知识。根据活动主题对公共图书馆进行布置，营造舒适的阅读环境是图书馆的重要任务之一。通过设置专门的阅读区、讨论区和其他特色区域，公共图书馆可以满足不同读者的需求和喜好，为读者提供一个更加舒适、便捷和高效的阅读环境。

（二）资源准备

为了给读者提供全面、丰富、实用的学习资源，公共图书馆应准备涵盖各种主题和领域的图书资料。这些图书资料不仅应包括教科书、参考书和学术著作，还应涉及文学、艺术、科技、历史、文化等多个方面，以满足不同读者的兴趣和需求。在选择图书资料时，公共图书馆应注重选择具有权威性、实用性、经典性和趣味性的书籍。同时，公共图书馆还应提供相关的推荐读物，如导读、注释版书籍等，以帮助读者更好地理解原著。除了图书资料外，公共图书馆还应配备先进的设备，如电脑、投影仪、打印机等，以确保读者能够方便地获取所需的信息和资源。这些设备应保持正常运行，并在必要时进行维修和更新。此外，公共图书馆还应为读者提供良好的学习环境，如安静的阅览室、舒适的座位、充足的照明和通风等。这些设施不仅可以帮助读者更好地学习和阅读，还可以提高他们的学习效率和舒适度。

（三）人员安排

在一个阳光明媚的周末上午，一个志愿者团队在市中心公园组织了一场大型公益活动。这次活动旨在宣传环保意识，呼吁市民们共同为城市环境做出贡献。为了确保活动的顺利进行，他们组织了一支志愿者团队。这些志愿者来自各行各业，他们用热情和爱心共同为这次活动的成功助力。在活动开始之前，他们进行了详细的规划和准备。根据志愿者的背景和特长，他们被分配了适合的任务。一些志愿者负责活动宣传，他们在社区和网络上广泛传播活动信息，吸引了众多市民的关注。另外一些志愿者负责场地布置和秩序维护，他们提前到达现场，仔细布置会场，确保活动的顺利进行。还有一部分志愿者负责接待和解答疑问，他们热情地迎接每一位参与者，为市民们提供详细的环保知识。活动开始后，志愿者们迅速进入角色，用专业的态度和热情的服务保证了活动的顺利进行。在引导读者的过程中，志愿者们耐心细致地解答问题，用微笑和真诚的服务赢得了市民们的好评。在维持秩序时，志愿者们认真负责，用实际行动维护了活动的良好秩序。在解答疑问时，志愿者们用丰富的知识和敏锐的思维为市民们提供了满意的解答。

（四）宣传推广

在这个信息爆炸的时代，通过多种渠道进行宣传推广已经成为一种必要的营销策略。为了增加曝光机会、提高品牌知名度，公共图书馆要充分利用各种宣传方式，包括社交媒体、海报、传单等。通过这些多元化的宣传方式，公共图书馆可以更有效地吸引潜在客户，提高销售业绩。在宣传推广之前，公共图书馆需要提前与媒体建立合作关系，以便更好地提高品牌知名度。通过与媒体建立良好的关系，公共图书馆可以获得更多的曝光机会，借助媒体的力量将品牌传播给更多的受众。在媒体合作的过程中，公共图书馆需要积极与媒体沟通，了解媒体的需求和偏好，并提供有价值的新闻稿和素材，以保持与媒体的合作关系。在宣传过程中，公共图书馆需要根据不同的受众制定个性化的推广策略，以确保最大化的宣传效果。针对不同的受众群体，公共图书馆需要选择不同的宣传渠道和方式来吸引潜在客户的注意力。例如，对于年轻受众群体，社交媒体是一种非常有效的宣传渠道，而对于中老年受众群体，海报和传单则更加适合。为了强化宣传效果，公共图书馆还需要注重宣传内容的品质和吸引力。在宣传内容中，公共图书馆需要突出产品的特点和优势，采用生动形象的描述和图片来吸引潜在客户的注意力。同时，公共图书馆还需要注重与受众的互动和沟通，及时回复受众的留言和反馈，以增强受众对品牌的信任感和忠诚度。通过多种渠道进行宣传推广是公共图书馆提高品牌知名度和销售业绩的重要手段。通过多元化的宣传方式和个性化的推广策略，公共图书馆可以更有效地吸引潜在客户，并与媒体建立良好的合作关系，提高品牌知名度。在宣传过程中，公共图书馆需要注重宣传内容的品质和吸引力，并与受众进行互动和沟通，以增强受众对品牌的信任感和忠诚度。

三、阅读推广活动执行案例

（一）开幕式

在城市的心脏地带，公共图书馆静静矗立，见证着知识的力量和社会的进步。阅读推广活动启动之际，这座知识的殿堂将再次焕发出耀眼的光芒。在庄重的开幕仪式上，受邀的嘉宾将齐聚一堂，共同为公共图书馆的盛大开幕献上最热烈的祝福。这些嘉宾来自各个领域，他们有的是学术界的领军人物，有的是文化界的代表，有的是政府官员，还有的是社会知名人士。他们将以崇高的荣誉感和深深的敬意为公共图书馆发表致辞，详细阐述本次活动的主题和宗旨。他们的语言充满力量，激发起人们对知识的渴望和对阅读的热爱。在嘉宾致辞之后，活动进入到充溢着活力与热忱的环节。本次活动旨在深化人们对阅读重要性的理解，对读者及整个社会都有深远意义。参与者们将在欢笑声中学习，在互动中成长，他们将在这里找到属于自己的知识宝藏，找到与他人交流的乐趣，找到对生活的热爱。

（二）阅读环节

公共图书馆作为社会公共文化服务体系的重要组成部分，不仅承担着提供免费阅读资源的使命，更可以成为倡导自由阅读和推广阅读文化的阵地。在公共图书馆里，每一个参与者都可以自由选择自己感兴趣的书籍，充分享受阅读的快乐。这种自由阅读的体验不仅可以让读者在知识上得到丰富和提升，还可以让他们的心灵得到滋养和成长。为了帮助读者更好地理解和鉴赏书籍，公共图书馆提供了专业的阅读指导。这包括针对不同年龄段、不同阅读需求的读者提供个性化的推荐书单，以及分享一些阅读技巧和方法。例如，如何通过阅读理解作者的思路和意图，如何把握文章的结构和节奏，如何从不同的角度对作品进行分析和评价等。这些阅读技巧和方法可以帮助读者提高阅读效率，加深其对作品的理解和鉴赏能力。此外，公共图书馆还计划举办各种形式的读书分享会等活动。这些活动为读者提供了一个分享阅读体验与心得的平台，让读者有机会与他人交流阅读中的思考和感悟。通过这些活动，参与者之间的交流得到增加，对阅读的理解也将更加深入。同时，这些活动可以激发读者的阅读热情和参与度，提高公共图书馆的利用率和社会影响力。公共图书馆在倡导自由阅读的同时，通过提供专业的阅读指导和举办读书分享会等活动，为读者提供了一个全方位的阅读体验平台。在这个平台上，读者可以自由地选择和阅读书籍，交流阅读心得和感悟，深入理解和鉴赏作品。通过开展这些活动，公共图书馆将成为推动阅读文化发展和提高社会阅读素养的重要力量。

（三）互动环节

为提升活动的趣味性，公共图书馆的工作人员精心设计了一系列互动环节。这些环节形式多样，包括知识问答、小组讨论、猜谜语、做游戏等，旨在让读者更加积极地参与到活动中来，在轻松愉快的氛围中拓宽知识面。在知识问答环节，工作人员提出了一些有趣的问题，激发了读者的思考和好奇心。不仅有各种知识领域的问题，而且有许多趣味性和实用性兼备的问题，让读者在回答问题的过程中增长见识，同时更好地理解和应用所学知识。小组讨论是另一种互动环节，让读者们分成几个小组，围绕一个主题展开讨论。这种形式可以让读者们更加自由地表达自己的观点和想法，同时能从其他人的发言中获得新的启示和灵感。通过小组讨论，读者们不仅能够提高自己的沟通能力，还能在交流中互相学习、共同进步。除了知识问答和小组讨论外，公共图书馆还会设计其他形式的互动环节。例如，在猜谜语环节读者们需要通过思考和推理来猜出正确的答案；在游戏环节，读者们需要通过团队合作和策略制定来达到目标。这些环节不仅可以让活动更加有趣味性，还能有效地激发读者的思维活力和参与热情。为了确保互动环节的顺利进行，公共图书馆会提前做好充分的准备和规划。他们会提前收集各种资料和信息，制订详细的方案和流程，并进行试运行，以确保活动的顺利进行。同时，他们还会在活动现场提供必要的设备和支持，为读者们提供更好的参与体验。通过这些精心设计的互动环节，公共图书馆不仅能够提高活动的趣味性和吸引力，还能有效地激发读者的参与热情和学习兴趣，让读者在轻松愉快的氛围中拓宽知识面。这种形式的活动对于读者的成长和发展具有积极的作用。同时，公共图书馆的这些努力和付出也为社区的文化建设和发展做出了积极的贡献。回顾一下公共图书馆这些互动环节的优点：首先，趣味性强，能够有效地吸引读者的注意力；其次，这些环节能够激发读者的思考和创造力，让他们在参与活动的同时拓展自己的思维视野；再次，这些互动环节能够提高读者的团队合作能力和沟通技巧；最后，这些环节能够为读者提供更加全面和深入的学习体验，帮助他们更好地理解和应用所学知识。通过精心设计的互动环节，公共图书馆能够有效地提高活动的趣味性和吸引力，激发读者的参与热情和学习兴趣。这种形式的活动不仅有助于读者的个人成长和发展，也为社区的文化建设和发展做出了积极的贡献。期待未来有更多的公共图书馆能够采取这种形式的活动，为社区居民提供更加丰富多彩的文化服务。

（四）奖励环节

为激发读者们的阅读热情，同时表彰那些在阅读活动中表现积极的读者，公共图书馆提议设立一些奖项。这些奖项从他们在活动中的参与度、贡献以及成果等方面进行评选，以此激励他们在阅读的道路上继续前行。"阅读之星"奖项是其中之一，它旨在表彰那些在阅读活动中表现最为出色的读者。他们的阅读热情、参与度和贡献程度都将成为评选的重要依据。此外，公共图书馆还会设立"最佳分享"奖项，表彰那些在阅读活动中分享最有价值或者最具启发性的内容的读者。这些分享不仅是对其他读者的帮助，也是对所有参与者的鼓励和激励。通过设立这些奖项，公共图书馆希望能够营造一个积极向上的阅读氛围，让更多的读者参与到阅读活动中来。同时，这些奖项也是对读者们努力和成就的认可，让他们在阅读的道路上更加自信和坚定。为了确保评选过程的公正和透明，公共图书馆制定了详细的评选标准和流程，并由专门的评选委员会负责评选。评选过程中，公共图书馆还邀请了部分读者参与其中，共同见证了评选过程的公正性。除了以上提到的两个奖项外，公共图书馆还会根据具体情况设立其他奖项，以表彰那些在阅读活动中做出特殊贡献的读者。这些奖项涵盖各个方面，如组织能力、团队协作、创新思维等。设立这些奖项是为了鼓励读者们积极参与阅读活动，提高他们的阅读兴趣和阅读能力。同时，让他们在阅读的道路上不断前行。

（五）活动评估

活动结束后，进行评估和反馈是至关重要的。这不仅是对活动效果的一个客观评价，更是为今后的阅读推广活动提供了宝贵的改进方向。通过收集读者的反馈，公共图书馆可以了解读者对活动的满意度、活动的宣传效果以及活动的组织情况等。这些反馈信息为公共图书馆提供了对活动的全面了解，使公共图书馆能够发现并解决问题，进一步优化活动方案。在分析活动效果时，公共图书馆不仅要看活动的参与人数和参与者的反馈，还要关注活动所带来的长期影响。例如，一个短期的阅读推广活动可能会吸引大量读者参与，但其影响是否能够持续下去呢？这就需要公共图书馆对活动进行深入的评估和分析，以确定其长期效果。此外，总结经验教训也是非常关键的。在评估过程中，公共图书馆会发现许多存在的问题和不足。对这些问题的总结，不仅可以帮助公共图书馆避免在今后的活动中再次出现类似的问题，还可以让公共图书馆更加深入地了解读者的需求和期望，从而更好地满足他们的需求。为了使今后的阅读推广活动更加完善，公共图书馆还需要对反馈进行分析和整理。这需要花费一定的时间和精力，但只有这样，公共图书馆才能更好地了解读者的需求和期望，为今后的活动提供更有针对性的改进方向。活动评估和反馈是阅读推广活动中不可或缺的环节。它们不仅可以帮助公共图书馆了解活动的整体效果和长期影响，还可以为公共图书馆今后的活动提供宝贵的改进方向。因此，公共图书馆应该重视这一环节，并努力将其做得更加完善。

第二节　多媒体与数字化时代的阅读推广

一、描述公共图书馆在多媒体和数字时代的角色

（一）多媒体资源提供者

公共图书馆为积极适应多媒体时代的需求，提供了丰富多样的多媒体资源，如电子书、音频书、视频讲座等，这为读者提供了更多样化的阅读选择，满足了不同读者的需求和偏好。

（二）数字技术引领者

公共图书馆在数字技术的应用方面发挥着引领作用。它们采用先进的技术手段，如大数据分析、人工智能等，为读者提供更加个性化、智能化的服务。此外，图书馆还积极推广数字阅读工具和应用，帮助读者提升数字素养，更好地利用数字资源。

（三）阅读推广活动组织者

公共图书馆一直是阅读推广活动的重要组织者。在多媒体和数字时代，公共图书馆结合新技术和多媒体资源，创意性地组织丰富多样的阅读推广活动，如电子书俱乐部、虚拟现实阅读体验、在线作者讲座等，吸引更多读者参与，并推动阅读的普及和深入。

（四）社区学习中心

公共图书馆作为社区学习中心，在多媒体和数字时代的角色重要性更加凸显。公共图书馆提供计算机和互联网访问，举办数字技能培训课程，帮助读者获取数字时代的必备技能。此外，公共图书馆还成为社区居民学习、交流、创造和分享知识的场所，促进数字包容性和社会凝聚力的发展。公共图书馆通过适应和创新，不断满足读者的需求，推动阅读文化的发展，并在多媒体和数字时代的社会发展中发挥着重要的作用。

二、公共图书馆需要适应这种变化的原因

（一）读者行为的变化

随着科技的进步和数字设备的普及，读者的阅读习惯和行为发生了显著变化。越来越多的人倾向于使用电子设备阅读电子书、在线文章和多媒体内容。为了适应这种变化，公共图书馆必须提供数字化的阅读资源和服务，以满足读者的需求。

（二）信息获取方式的变化

互联网和数字化技术的快速发展改变了人们获取信息的方式。传统的纸质图书和资料逐渐被数字化的资源所取代。公共图书馆作为信息传递和知识共享的重要机构，需要紧跟时代步伐，提供便捷的数字资源获取方式，以便读者能够随时随地获取所需信息。

（三）推动数字素养的提升

多媒体和数字时代的到来要求人们具备基本的数字素养，包括信息检索、数字设备使用和网络安全等方面的能力。公共图书馆作为社区学习中心和数字技术的引领者，应当积极提供数字技能培训和学习机会，帮助读者提升数字素养，更好地适应数字化社会。

（四）创新阅读推广方式

多媒体和数字技术为阅读推广带来了更多的可能性和创意空间。公共图书馆可以利用这些先进技术，创新阅读推广方式，吸引更多读者走进图书馆、参与阅读活动，并提高阅读的吸引力和影响力。公共图书馆需要适应多媒体和数字时代的变化，更好地服务读者、满足他们的需求和期望。通过积极应对时代变革，公共图书馆能够保持其作为知识传递、文化交流和社区学习中心的重要地位，为社会的发展和进步做出贡献。

三、多媒体与数字化时代对公共图书馆的影响

（一）多媒体内容的需求和增长

需求的多样性。多媒体时代带来了丰富多样的内容形式，如音频、视频、图像等。读者不再满足于单一的文字阅读，对多媒体内容的需求日益增长。公共图书馆作为服务读者的机构，需要积极采购、整合和提供多样化的多媒体内容，以满足不同读者的需求。增长迅速的资源量数字化技术的快速发展使得多媒体内容的生产和传播变得更加便捷高效。这导致了多媒体资源量的迅猛增长。公共图书馆需要不断更新和扩充自己的多媒体馆藏，以跟上时代的步伐，满足读者对新鲜、多样化内容的需求。技术与设备的升级多媒体内容的呈现和播放需要相应的技术和设备支持。随着多媒体内容的增长和需求的提升，公共图书馆需要不断升级自己的技术和设备，向读者提供更好的多媒体阅读体验。例如，提升网络带宽、改善音视频播放设备等，以确保读者能够流畅、高质量地获取和欣赏多媒体内容。

（二）数字化服务的需求

线上资源与服务整合。随着读者对数字化服务的需求增长，公共图书馆需要加强对线上资源的整合，包括电子图书、在线数据库、学术资源等。读者希望能够通过图书馆平台方便、快捷地获取这些资源，并享受一体化的服务。数字化借阅与传递传统的图书借阅方式已经不能满足读者的需求。公共

图书馆需要建立高效、便捷的数字化借阅系统，使读者能够随时随地在线借阅、下载和阅读电子图书等数字资源。同时，图书馆应提供安全可靠的数字传递方式，确保资源的合法使用和版权保护。个性化与智能化服务。读者对数字化服务的需求日益个性化。公共图书馆应借助大数据、人工智能等技术手段，分析读者的阅读偏好和需求，为读者提供个性化的推荐、定制服务以及智能化的搜索和导航功能，提升读者的阅读体验。跨平台合作与共享数字化服务需求也促使公共图书馆开展跨平台合作与资源共享。图书馆应积极与出版机构、技术提供商等合作伙伴进行合作，共同推动数字化服务的发展，给读者提供更广泛、更深入的资源和服务。

四、公共图书馆在多媒体与数字化时代的阅读推广策略

（一）数字化资源建设

电子书的采购与更新。随着阅读方式的转变，电子书在公共图书馆中的地位逐渐上升。为了满足读者的阅读需求，公共图书馆需要积极进行电子书的采购与更新工作。这包括与出版商、供应商建立合作关系，定期采购新的电子书资源，并确保公共图书馆的电子书馆藏与时俱进，涵盖各类题材和领域。同时，公共图书馆要关注读者反馈和市场需求，对采购策略进行持续优化，以更好地满足读者的电子书阅读需求。多媒体资源的整合与提供多媒体资源，如音频、视频、图像等，在数字化时代成为公共图书馆吸引读者的重要内容之一。为了提供丰富多样的多媒体资源，公共图书馆需要进行系统性的资源整合。这包括从各种合法、正版的渠道获取多媒体资源，并进行统一的分类、标引和存储，以便读者能够方便地搜索和获取。同时，公共图书馆还要确保多媒体资源的播放设备和网络环境良好，向读者提供高质量的多媒体体验。

（二）技术应用利用

大数据和人工智能技术（AI）为读者推荐图书。公共图书馆可以利用大

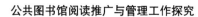

数据和人工智能技术，分析读者的历史借阅记录、阅读偏好和行为模式等信息，为读者提供个性化的图书推荐服务。通过分析大量数据，公共图书馆能够更准确地了解读者的兴趣和需求，为其推送符合其口味的图书资源。这种个性化推荐服务可以帮助读者发现新的感兴趣领域，拓宽阅读视野，并提升阅读体验。使用 AR/VR 技术提供沉浸式阅读体验。AR 和 VR 技术为公共图书馆提供了创造沉浸式阅读体验的机会。通过 AR/VR 技术，图书馆可以为读者打造身临其境的阅读环境，使读者能够深入图书内容，与故事、角色互动。例如，利用 AR 技术，读者可以通过手机或 AR 设备，在图书馆内或家中浏览三维立体的图书内容，增加阅读的趣味性和互动性。而 VR 技术则可以带领读者进入虚拟场景，与图书中的情境融为一体，给读者提供更加震撼、身临其境的阅读体验。这些技术的应用进一步丰富了公共图书馆的服务形式，提升了读者的阅读体验和参与度。同时，公共图书馆还可以结合这些先进技术举办特色活动和工作坊，引导读者探索新的阅读方式，促进科技与文化的融合。

（三）线上服务推广

线上图书推荐、书评等活动。公共图书馆可以通过线上平台开展图书推荐和书评活动，吸引更多读者参与和关注。例如，在图书馆官方网站上开设专栏，定期发布图书推荐清单和精彩书评，引导读者选择优质阅读资源。此外，图书馆可以邀请专业人士、作家或读者代表撰写推荐和评论文章，为读者提供更权威、多元的视角。这样的线上活动有助于扩大图书馆的影响力，推动阅读的普及和深入。通过社交媒体平台进行宣传与推广。社交媒体平台已经成为现代社会传播信息的重要渠道。公共图书馆可以利用社交媒体平台（如微博、微信公众号、抖音等）进行线上服务的宣传与推广。例如，通过发布各类阅读活动的预告和报道，吸引更多潜在读者参与；定期推送个性化的图书推荐和阅读指南，引导读者发现新的阅读领域；与读者互动，回答疑问，收集反馈，不断改进服务。利用社交媒体平台的广泛覆盖和用户黏性，公共图书馆能够与读者建立更紧密的联系，提升品牌知名度和影响力。线上服务推广是公共图书馆在数字化时代的重要策略之一。通过开展线上图书推荐、书评等活动以及社交媒体平台的宣传与推广，公共图书馆能够拓展服务范围，吸引更多读者，提升阅读文化的传播效果。

（四）线下活动与数字化相结合

举办多媒体阅读活动，如音频书籍分享会、电子书创作工作坊等。公共图书馆可以将多媒体元素融入线下阅读活动，丰富活动的形式和内容。例如，举办音频书籍分享会，邀请专业人士或有经验的读者现场分享他们喜爱的音频书籍，并配以相应的背景音乐、声音效果，使听众更深入地体验音频书籍的魅力。另外，电子书创作工作坊可以帮助读者了解电子书的创作过程和技巧，提升他们的数字阅读素养和创作能力。通过数字化手段提升线下活动体验。如活动直播、互动投票等。为了扩大线下活动的影响力和参与度，公共图书馆可以利用数字化手段进行活动的直播和互动。例如，通过在线直播平台将线下活动实时传输到互联网上，让无法到场的读者也能参与其中。同时，利用互动投票系统，在活动期间进行观众投票、问答等环节，增强活动的互动性和观众的参与感。这样不仅可以吸引更多读者关注和参与线下活动，还能延长活动的生命周期，提高活动的传播效果。线下活动与数字化的结合是公共图书馆创新服务方式、提升读者体验的重要途径。通过举办多媒体阅读活动，并结合数字化手段提升线下活动体验，公共图书馆能够打破传统服务的界限，使读者在享受阅读乐趣的同时，感受到科技与文化的融合带来的新奇和便利。

五、面临的挑战与对策

（一）技术难题

在公共图书馆的发展过程中，整合和应用新技术为读者提供服务是一个重要的挑战。以下是对这个问题的具体分析，问题表现：第一，技术更新迅速，图书馆需要不断学习和适应新的技术趋势。第二，整合不同技术系统，确保它们相互兼容并为读者提供统一、流畅的服务。第三，在采用新技术时，确保数据安全和保护读者隐私。影响：如果不能有效整合和应用新技术，公共图书馆可能落后于时代，无法满足读者的需求。技术上的困难可能导致服务中断或体验下降，影响读者的满意度。应对策略：第一，持续学习与技术更新，图书馆工作人员应定期参加技术培训和研讨会，保持对新技术的学习和掌握。第二，建立技术合作伙伴关系，与技术提供商建立合作关系，确保得到专业的技术支持和建议，确保技术的顺利整合。第三，数据安全与隐私保护，在采用新技术时，必须进行严格的数据安全评估，确保读者的个人信息和借阅记录不被滥用或泄露。第四，用户测试和反馈收集，在整合新技术到服务中时，首先进行小范围的用户测试，根据读者的反馈进行调整和完善，确保服务的质量，使读者获得良好的阅读体验。第五，统一的技术标准与规范，在引入各种新技术时，应遵循统一的技术标准和规范，确保不同系统之间的兼容性和互操作性。技术难题是公共图书馆在提供服务时不可避免的问题。但是，通过持续学习、与技术伙伴合作、确保数据安全与隐私、进行用户测试及遵循统一的技术标准，图书馆可以有效地整合和应用新技术，为读者提供更加高效、便捷和安全的服务。

（二）版权问题

随着数字化资源的普及和推广，版权问题成了公共图书馆必须面对的重要议题。确保版权的合法性和不被侵犯，是图书馆应尽的责任和义务。问题分析：第一，在数字化资源的获取和分享过程中，很容易触及版权的法律边界。第二，非法复制、分发或展示受版权保护的数字化资源，可能导致法律纠纷和财务损失。应对策略：第一，版权教育与意识提升。加强图书馆工作人员和读者的版权教育，让他们明白版权的重要性，以及侵犯版权可能带来的后果。第二，合法获取资源，只从合法、正规的渠道获取数字化资源，如购买正版电子书、获得版权所有者的授权等。第三，访问控制和加密技术，采用访问控制技术，确保只有合法用户才能访问和使用受版权保护的数字化资源。同时，利用加密技术确保资源在传输和存储过程中的安全性。第四，版权声明与合同约束，在提供数字化资源时，明确附上版权声明，指出资源的版权归属和使用限制。此外，与版权所有者签订明确的合同，规定双方的权利和义务。第五，监测与维权，采用技术手段，定期监测图书馆系统内的数字化资源，确保没有非法复制和传播的情况发生。一旦发现侵权行为，立即采取法律手段进行维权。版权问题是公共图书馆在推广数字化资源时必须重视的问题。通过版权教育、合法获取资源、访问控制、版权声明和合同约束以及监测与维权，图书馆可以最大限度地确保版权的合法性，避免侵权行为的发生，维护图书馆和版权所有者的合法权益。

（三）培训与教育

随着数字化的深入推进，公共图书馆提供的数字化服务日益增多，这对读者的数字素养提出了更高的要求。确保读者能够熟练、有效地使用新的数字化服务是图书馆的重要职责。策略建议：第一，针对新的数字化服务，制订系统的培训计划，内容涵盖基本操作、高级功能、常见问题处理等。第二，制作简洁易懂的线上教程和帮助文档，供读者自学，让他们在任何时间、任何地点都能学习。第三，定期举办培训班，由专业馆员指导读者如何操作新的数字化服务，并现场解答读者的问题。第四，针对老年读者或其他需要特殊帮助的读者，提供一对一的辅导，确保他们能享受到数字化的便利。第五，设立数字素养宣传周，通过活动、游戏、讲座等多种形式，宣传数字素养的重要性，提高读者的数字意识和技能。第六，建立合作与教育联盟。与其他机构，如学校、社区中心、非政府组织等建立合作关系，共同推动数字素养教育，实现资源共享。第七，反馈与持续改进。收集读者的反馈，针对读者在使用数字化服务过程中遇到的问题，不断优化培训内容和方法。实施重点：第一，培训内容应简洁明了，避免专业术语，确保大多数读者都能理解。第二，培训方式多样化，满足不同读者的学习需求。第三，重点关注老年读者和特殊群体，确保他们不被数字化进程所遗忘。提高读者的数字素养，是公共图书馆在推广数字化服务中的关键一环。通过制定并执行上述策略，图书馆不仅可以帮助读者熟练掌握新的数字化服务，还能给他们的日常生活和工作带来更多便利，实现真正的数字化。

（四）合作与资源共享

在数字化时代，合作与资源共享成为推动各项事业发展的关键。对于公共图书馆来说，与其他机构建立合作关系，共同推动数字化阅读的发展不仅能够充分利用资源，还能为读者提供更丰富、更高质量的服务。合作策略：第一，寻找合适的合作伙伴。与同样关心数字化阅读的机构建立联系，如学校、社区中心、博物馆、档案馆等。这些机构都有自己的专业资源和读者群体，与他们建立合作关系能够实现互补优势。第二，共同采购与资源整合。合作机构可以共同采购数字化资源、降低成本，同时整合各自的资源，形成一个更加全面、多样的数字化资源库。第三，联合活动与项目。合作机构可以联合举办各种活动，如数字化阅读推广月、电子书创作大赛等，共同推广数字化阅读，扩大影响力。第四，技术研发与共享。在技术研发方面，各机构可以共享研发成果，如新的数字化技术、AR 和 VR 在阅读中的应用等，加大技术进步的步伐。第五，数据分析与读者研究。合作机构可以共享读者数据和研究成果，以便更全面地了解读者的需求和阅读习惯，为数字化阅读的发展提供数据支持。资源共享的益处：第一，最大化资源利用，避免重复建设。第二，丰富数字化阅读的内容，满足读者的多样化需求。第三，降低成本，提高服务效率。通过与其他机构的合作与资源共享，公共图书馆可以汇聚更多的力量，共同推动数字化阅读的发展，为读者提供更好的服务。在合作中，各机构都能够发挥自己的优势，形成合力，共同创造一个数字化阅读的新时代。

第五章　图书馆空间与资源管理

第一节　图书馆空间规划与设计

一、公共图书馆空间规划与设计的重要性

公共图书馆作为公共文化服务体系的重要组成部分，其空间规划与设计对于提升读者体验、增强服务效能、推动全民阅读具有不可替代的作用。优秀的图书馆空间规划与设计能够高效地布局各种资源，满足不同人群的阅读需求，为读者营造一个舒适、宜人、富有吸引力的阅读环境。公共图书馆空间规划与设计的重要性体现在以下几个方面：

第一，提升读者体验。良好的空间布局和设计可以让读者更方便地找到他们需要的资源，舒适的环境可以增加他们的停留时间，从而提高阅读体验。

第二，优化资源管理。合理的空间规划有助于图书馆更高效地管理图书和资源，如通过科学的书架布局，图书馆员可以更快地找到和整理图书。

第三，满足不同人群需求。考虑到不同人群的需求，包括老年人、儿童、特殊需求群体等，在空间规划与设计上进行特殊考虑，可以使图书馆的服务更加人性化。

但是，在当前的公共图书馆空间规划与设计中，也存在一些挑战和机遇。挑战主要包括：

第一，有限的空间与资源。许多图书馆面临空间和资源有限的问题，如何在有限的空间内科学、有效地规划和设计成为一个重要的挑战。

第二，技术与模式的变革。随着数字化和网络化的发展，图书馆的传统服务模式受到冲击，如何将数字资源与实体空间有效整合是图书馆空间规划

面临的难题。

机遇表现在以下方面：

第一，新技术的应用。先进的技术为图书馆的空间设计提供了更多的可能性，如 VR、AR 等技术可以为读者提供更加丰富的阅读体验。

第二，社会合作模式。图书馆可以与社区、学校、企业等合作，共同规划和设计空间，使其更好地服务于当地人群。

第三，绿色建筑与可持续发展。当前，环保和可持续发展成为全球共识，这为图书馆在空间规划中采用绿色建筑理念、节能减排技术等提供了良好的机遇。

二、图书馆空间规划与设计的原则

（一）功能性与实用性

功能性和实用性是图书馆空间规划与设计的核心原则。图书馆的空间布局应满足各种功能需求，如藏书、借阅、阅读、学习、研究、活动等。各个功能区应互不干扰，流线布局要清晰，方便读者快速找到所需资源。此外，家具、设备和其他元素的设计和配置都需要考虑实用性，以确保读者和工作人员能够高效、舒适地使用空间。

（二）人性化与关怀性

人性化与关怀性原则要求在图书馆空间规划与设计中充分考虑读者的需求和体验。例如，为不同人群（如老年人、儿童、特殊需求群体）提供专门的阅读区域和设施，让他们能够更好地享受阅读的乐趣。此外，图书馆内的环境设计（如灯光、色彩、温度、噪声控制等）也需要考虑人的舒适感，要为读者营造一个温馨、宁静的阅读环境。

（三）灵活性与可扩展性

随着社会的快速发展，图书馆的空间需求也在不断变化。因此，图书馆空间规划与设计应具有灵活性和可扩展性。这意味着设计方案应能适应不同的使用场景和需求变化，如灵活地调整书架位置、轻松地扩展新功能区等。同时，采用模块化、标准化的设计理念，有助于未来对图书馆进行扩建或改造。

（四）环保与可持续性

在当前的环境背景下，环保与可持续性原则至关重要。图书馆空间规划与设计应采用环保材料，减少能源消耗、降低碳排放，并充分利用自然光、通风等可再生能源。此外，图书馆还可以通过开展环保主题的阅读推广活动，提高读者的环保意识，共同为创建一个绿色、可持续的未来贡献力量。

三、图书馆空间功能分区

（一）藏书区规划与设计

藏书区是图书馆的核心区域，用于存放和展示图书、期刊和其他媒体资源。在规划与设计藏书区时，需要考虑以下几点。书架布局：选择适当的书架类型和布局方式，以最大化存储空间，方便读者浏览。分类系统：采用清晰、一致的分类系统，使读者能够轻松找到所需的图书。藏书保护：确保适当的温度、湿度和光照条件，以保护图书免受损坏。

（二）阅读区规划与设计

阅读区是为读者提供舒适阅读环境的区域。其规划与设计应注意以下方面。座椅布局：布置舒适、人体工学座椅，为读者保持良好的阅读姿势和提供支持。光线与照明：采用柔和、不刺眼的光线，保护读者视力并营造宁静氛围。噪声控制：采取噪声降低措施，如铺设隔音材料、设立静音标志等，以确保阅读区的安静。

（三）学习与研究空间规划与设计

学习与研究空间是图书馆中用于学习和深入研究的区域，其规划与设计可考虑以下要素。桌椅与设备：配置适合长时间学习和工作的桌椅，提供电源插座和网络接口。参考书籍与资料：提供丰富的参考书籍、期刊和研究资料，满足学习和研究需求。讨论与合作空间：设立讨论室或合作空间，以方便学生和研究人员交流与合作。

（四）公共活动与服务区规划与设计

公共活动与服务区是用于举办活动、提供服务的区域。规划与设计时应关注以下几点。活动空间：配置多功能厅、讲座室等活动空间，满足各类活动需求。服务台与咨询区：设立服务台，提供借阅、咨询、导览等服务；设置咨询区，解答读者问题和提供指导。辅助功能配备辅助设施：如自助借还书机、打印复印设备等，提升服务效率。

（五）工作人员区域规划与设计

工作人员区域是为图书馆员工提供工作场所的区域，其规划与设计可考虑以下方面。办公空间：设立专门的办公区，配置办公设备，为员工提供良好的工作环境。储物与仓库：规划储物空间和仓库，用于存放图书、资料和工作用品。员工休息室：设立员工休息室，供员工休息、交流，提升工作满意度。

四、图书馆空间设计中的特殊考虑

（一）针对老年人的空间设计

考虑老年人是图书馆的重要用户群体之一，他们对于阅读和学习有着丰富的需求和经验。在图书馆空间设计中，针对老年人的特殊需求，应考虑以下要素。可及性：确保图书馆的入口、通道和设施对老年人易于接近和使用，避免过高的门槛、陡峭的楼梯等障碍。阅读环境：提供充足的光线、适宜的字体大小和舒适的座椅，以减轻老年人阅读时的视觉和身体不适。安静区域：设立专门的安静阅读区，以满足老年人对于宁静阅读环境的需求。服务便利：设置老年人专用的服务台或咨询窗口，向他们提供有针对性的图书推荐和阅读指导。

（二）针对特殊需求群体的空间设计

特殊需求群体包括身体残疾、听力或视力障碍等人群，他们在图书馆使用中可能面临更多挑战。针对特殊需求群体的空间设计应考虑以下方面。无障碍设施：确保图书馆内的通道、阅览区和服务台等区域无障碍，提供坡道、扶手、盲道等辅助设施。辅助阅读工具：提供盲文图书、大字版图书、音频读物等，满足视力障碍者的阅读需求；提供助听器、文字电话等，满足听力障碍者的通信需求。专门服务：设立专门的服务台，提供针对特殊需求群体的咨询、导览和借阅服务，工作人员应具备相关的专业知识和服务意识。

（三）儿童阅读区的特殊设计要素

儿童是图书馆的重要用户群体，他们对于阅读环境有着独特的需求和兴趣。儿童阅读区的特殊设计要素包括。安全性：确保儿童阅读区的家具、设备和布局符合安全标准，避免锐利的边角、易跌倒的障碍物等。色彩与装饰：运用鲜艳的色彩和活泼的装饰，打造儿童喜爱的阅读环境，激发他们的阅读兴趣。多元化的读物：提供丰富多样的儿童读物，包括绘本、科普书、儿童文学等，满足不同年龄和兴趣的儿童阅读需求。亲子互动空间：设立亲子互动区，方便家长与孩子共同阅读、学习和游戏，增进亲子关系。

五、绿色图书馆与可持续发展

随着社会的进步和环保意识的增强，可持续发展已经成为各行各业的重要考虑因素。在图书馆建筑设计中，绿色环保和可持续发展的理念也被广泛应用。

（一）绿色环保材料的选择与应用

绿色图书馆在建筑材料的选择上，注重环保、可持续的特性。尽可能选择低挥发性有机化合物（VOC）排放的材料，避免对室内空气质量造成影响。同时，对于家具的选择，也倾向于使用符合环保标准、可再生利用的材质，如竹制品等。这种选择不仅有助于减少环境污染，还能为读者提供一个健康、舒适的阅读环境。

（二）节能减排技术在图书馆空间设计中的应用

节能减排技术是绿色建筑的核心之一。在图书馆的空间设计中，通过合理利用技术手段提高能源利用效率，减少能源消耗。例如，对于照明系统，采用高效节能灯具和智能控制系统，可以降低电能消耗。此外，对于空调系统，采用先进的变频技术和空气源热泵技术，能够减少能源浪费。这些技术的应用不仅可以降低图书馆的运行成本，还能为环保事业做出贡献。

（三）自然光与通风的巧妙利用

自然光和通风是绿色建筑中重要的设计元素。在图书馆的空间设计中，通过巧妙利用自然光和通风，可以提高室内环境的舒适度和空气质量。例如，对于自然光的利用，可以通过设计大窗户、利用反射原理等方式，将自然光引入室内。这不仅可以减少人工照明的使用，还能为读者提供一个更加舒适的阅读环境。对于通风的利用，可以通过合理设计建筑结构和选用高效空调设备等方式实现室内外空气的流通和交换。这有助于提高室内空气质量，减少细菌滋生和疾病传播的风险。绿色图书馆与可持续发展的理念紧密相连。通过在建筑材料的选择、空间设计的应用以及自然光与通风的利用等方面采取相应的措施，可以实现图书馆的环保、节能和舒适目标。这不仅有助于提高图书馆的服务质量和社会效益，还能为推动绿色建筑和环保事业的发展做出贡献。

六、数字化与智能化在空间规划和设计中的体现

随着科技的不断发展，数字化与智能化已经深入影响到了各个领域，特别是在空间规划与设计这一领域。数字化与智能化的应用不仅提高了空间的使用效率，还为人们提供了更加便捷、舒适的环境。下面将分别从数字化资源的空间配置与管理、智能化技术在图书馆空间中的应用以及人工智能与图

书馆空间的融合设计三个方面进行论述。

（一）数字化资源的空间配置与管理

数字化资源的空间配置与管理是数字化时代空间规划设计的重要组成部分。在传统的空间规划设计中，资源的分配和管理主要依靠人力，不仅效率低下，而且容易出错。数字化技术的应用使得空间的资源配置与管理更加智能化、高效化。通过数字化技术可以实现资源的动态监测、精准控制和优化调度。例如，利用物联网技术可以实时监测空间内的温度、湿度、光照等环境参数，并根据预设的参数范围进行自动调节，从而为空间使用者提供更加舒适的环境。同时，数字化技术还可以实现资源的远程管理，使得空间的维护和管理更加便捷。

（二）智能化技术在图书馆空间中的应用

智能化技术在图书馆空间中的应用是数字化与智能化在空间规划设计中的又一重要体现。图书馆作为公共文化服务的重要场所，是人们获取知识和信息的重要渠道。智能化技术的应用，不仅可以提高图书馆的管理效率，还可以为读者提供更加便捷和个性化的服务。例如，通过智能化技术，可以实现图书的自动借阅和归还。读者可以通过自助终端或者手机 APP 进行图书的借阅和归还，无须排队等待人工服务。同时，智能化技术还可以根据读者的借阅记录和阅读习惯，推荐相关的图书和资料，为读者提供更加个性化的阅读服务。

（三）人工智能与图书馆空间的融合设计

人工智能是数字化与智能化的重要体现之一，与图书馆空间的融合设计可以为读者提供更加智能化、人性化的服务。可以通过对读者的行为和需求进行分析，实现自动化的信息检索和推荐。同时，人工智能还可以为读者提供更加便捷的交流和互动渠道，如通过语音识别技术实现语音交流和互动。在图书馆空间的融合设计中，人工智能还可以实现自动化的空间管理和维护。

例如，通过人工智能技术，可以监测图书馆内的空气质量、温湿度等环境参数，并根据监测结果自动调节空调、通风等设备的工作状态，为读者提供更加舒适、健康的环境。同时，人工智能还可以实现自动化的设备维护和管理，如自动检测设备的运行状态和故障情况，及时进行维修和更换。数字化与智能化在空间规划与设计中的应用已经成为一种趋势。通过数字化资源的空间配置与管理、智能化技术在图书馆空间中的应用以及人工智能与图书馆空间的融合设计等方面的探讨和实践，公共图书馆相关工作人员可以不断提高空间的使用效率和管理水平，为读者提供更加便捷、舒适的环境。

七、实践案例分析

案例一：某大型公共图书馆的空间改造

某大型公共图书馆针对不同的用户群体进行了空间改造，成为国际上公认的模范案例。经验分享如下：用户需求为先。图书馆进行了大量的用户调研，深入了解了各年龄段和特殊需求群体的阅读偏好与需求，确保空间设计真正满足用户。多元化空间布局。针对不同群体设立特色阅读区，如老年人专区、残障人士专区、儿童专区等，每个专区都根据其特点进行设计。环保与可持续。在改造过程中，大量采用环保材料，并引入太阳能、风能等可再生能源，实现了绿色、可持续的运营。

案例二：某小型公共图书馆的空间设计缺陷

某小型公共图书馆在空间设计上存在一些问题，如功能区划分不明确、特殊需求考虑不周等。问题分析如下：功能区混乱。藏书、阅读、活动等区域交错，没有明确的界限，导致读者使用时感到混乱。缺乏特殊需求考虑。对于老年人和特殊需求群体的设施和服务都明显不足，导致这些用户群体使用时面临困难。改进建议如下：

（1）重新规划功能区。在现有空间的基础上，明确划分各个功能区，并设置清晰的标识，引导读者快速找到目标区域。

（2）引入特殊需求设施。针对老年人和特殊需求群体，完善相应的设施和服务，如提供盲文图书、设立安静阅读区等。

（3）定期用户调研。为了预防未来再次出现问题，图书馆应定期进行用户调研，及时了解和满足读者的变化需求。

通过对比上述两个案例，可以看到，成功的图书馆空间设计始终以用户为中心，注重细节和特殊需求，而存在问题的案例则需要从用户角度出发，重新审视和优化空间设计。图书馆空间规划与设计的成功关键在于始终坚持以读者为中心的设计理念，关注读者的多样化需求，同时结合实际情况，灵活应用各种设计原则和策略。

关键要点包括：①深入了解读者需求，为不同人群提供个性化的空间和服务。②确保空间功能性与实用性的基础上，注重人性化与关怀性设计，提升读者体验。③灵活规划空间，适应未来变化，同时坚持环保与可持续性原则。在这些要点的基础上，应结合实际情况，灵活采用各种设计策略，如合理利用空间、选择环保材料、引入新技术等，以创建一个功能完善、舒适宜人的图书馆环境。

第二节　阅读资源的采集与管理

一、阅读资源在图书馆中的重要性

阅读资源在图书馆中占据了至关重要的地位。它们是知识的海洋，是智慧的灯塔，为公共图书馆相关工作人员的探索和研究提供了强大的支持。无论是学术研究、文化探索，还是休闲阅读，阅读资源都是公共图书馆相关工作人员不可或缺的伙伴。但是，阅读资源的采集和管理并非易事。随着信息时代的到来，阅读资源的数量和种类激增，既带来了更多的可能性，也带来了更多的挑战。公共图书馆需要面对的问题包括如何有效地筛选和获取高质量的阅读资源，如何进行分类和管理，以及如何提供方便快捷的检索服务等。首先，对于阅读资源的采集，公共图书馆需要有一套严谨的筛选机制。在海量的书籍和信息资源中，如何选择出真正有价值、符合读者需求的资源，是一项需要高度专业知识和敏锐洞察力的任务。这不仅需要公共图书馆员具备丰富的学科知识和敏锐的信息素养，还需要他们深入了解读者的需求和兴趣。其次，对于阅读资源的管理，公共图书馆需要面对的挑战也同样严峻。随着科技的发展，传统的图书管理方式已经无法满足现代图书馆的需求。公共图书馆需要借助现代化的信息技术，对阅读资源进行高效的分类、编目和检索。同时，需要建立一套完善的保存和保护机制，确保阅读资源的长期保存和使用。最后，公共图书馆还需要提供优质的阅读环境和服务，包括安静舒适的阅读空间、便捷的借阅服务、专业的参考咨询等。只有当这些方面都得到了充分的满足，读者才能真正享受到公共图书馆的阅读资源带来的便利和价值。

二、阅读资源的采集

（一）采购策略的制定

采购策略是公共图书馆阅读资源采集的基础，一个明确的采购策略能够确保公共图书馆获取到符合读者需求的高质量资源。确定采购目标和预算，首先，公共图书馆需要明确其采购的目标。例如，增加特定领域的藏书、满足特定读者群体的需求等。同时，必须制定明确的预算，确保资源的采购不会超出财务许可的范围。考虑读者需求和流行趋势了解读者的需求是制定采购策略的关键。通过读者调查、借阅数据分析等方式，公共图书馆可以获取读者的阅读喜好和需求。此外，还要关注出版市场的流行趋势，确保采购的资源与时俱进，满足读者的最新需求。

（二）资源来源

与出版社和分销商建立稳固的合作关系，可以确保图书馆获取到最新、高质量的出版物。通过定期的合作会议、书目推荐等方式，公共图书馆可以及时获取最新的出版信息，并进行有针对性的选购。电子资源的获取，随着数字技术的发展，电子资源在公共图书馆中的地位日益重要。公共图书馆可以从各大电子书平台、在线数据库等获取电子资源，满足读者对于数字阅读的需求。选择标准和评估在选择资源时，公共图书馆应设立明确的选择标准，如内容质量、与馆藏的互补性、读者需求等；并对资源进行定期的评估，确保采购的资源达到预期的效果。

（三）采购流程与优化

采购流程。公共图书馆的采购流程通常包括需求调查、初步筛选、详细评估、采购决策、合同签订、资源接收等步骤。不仅确保流程的顺畅进行，还可以保障资源采购的高效和准确。如何优化采购流程以提高效率优化采购流程的关键在于简化和标准化。通过减少不必要的中间环节、引入数字化管理工具、加强与供应商之间的沟通等方式，公共图书馆可以提高采购的效率，确保资源快速、准确地进入馆藏。阅读资源的采集是公共图书馆运营中的核心环节。制定明确的采购策略、选择合适的资源来源、优化采购流程都是确保图书馆能够高效、准确地获取所需资源的关键。

三、阅读资源的管理

（一）资源分类与编目

图书分类系统。图书分类系统是图书馆管理资源的基础。它能确保图书有序地排列，方便读者查找。常见的图书分类系统如国际十进制分类法（UDC）和杜威十进制分类法（DDC）等，在中国比较常用的文献分类法是《中国图书馆分类法》，它们将各种知识领域的图书按照特定的体系进行分类，为每本书分配一个独特的分类号。编目与元数据管理。编目是对图书资源进行详细描述和组织的过程，它包括书名、作者、出版社、出版日期、页数等基本信息。元数据则是描述资源属性的数据，如 ISBN 号、语言、获奖情况等。通过规范的编目和元数据管理，可以确保资源的统一性和易于检索性。

（二）藏书保护与维护

如何保护图书免受损失。图书保护的首要任务是防止图书受到物理损坏，为此公共图书馆应采取一系列措施，如制定借阅规则、禁止在书内涂写、使用书签而不是折叠书页等。此外，为了预防图书因盗窃或火灾等意外事件而遭受损失，公共图书馆还应建立完善的安保系统和防火设施。藏书维护与修复的方法。对于已经受损的图书，公共图书馆应定期进行维护与修复。这包括对老化和脆化的纸张进行加固处理，修复书脊和封面，替换损坏的页码等。同时，为了预防虫害和鼠害，公共图书馆还需定期进行消毒和清洁工作。

（三）资源更新与剔除

定期评估藏书的新鲜度和相关性。为了保持馆藏的活力和吸引力，公共图书馆应定期评估藏书的新鲜度和相关性。这可以通过分析读者的借阅数据、跟踪当前的流行趋势和学术研究动态等方式来实现。要确保馆藏与读者需求和学术发展保持同步。剔除过时或损坏的图书。剔旧是馆藏管理的一个重要环节。对于内容过时、物理状况极差或长期无人问津的图书，公共图书馆应考虑将其从馆藏中移除。这样不仅可以节省存储空间，还可以确保馆藏的质量和效率。阅读资源的管理涉及分类、编目、保护、维护和更新等多个方面。一个高效的管理系统能够确保公共图书馆资源的完整性、易于检索性和持续吸引力，更好地服务广大读者。

四、电子资源的管理与挑战

（一）电子资源的采购与整合

电子书、电子期刊的采购。随着数字出版物的日益普及，电子书和电子期刊成为图书馆重要的采购对象。图书馆可以与各大电子书出版商、期刊数据库合作，购买其电子资源的使用权，以满足读者的数字阅读需求。采购时需要考虑电子资源的内容质量、价格、与馆藏的互补性等因素。与实体资源的整合管理。电子资源与实体资源在管理和整合上存在诸多不同。图书馆应建立统一的资源管理系统，实现电子资源与实体资源的一体化管理，使读者可以方便地检索到图书馆的所有资源，无论它们是电子形式还是实体形式。

（二）版权与许可管理

电子资源版权问题是图书馆面临的一个重大挑战。在采购电子资源时，公共图书馆必须清楚地了解资源的版权要求，确保电子资源的采购和使用都符合版权法规定，避免侵犯版权带来的法律风险。许可协议与合规性管理。许可协议是电子资源使用的重要依据。公共图书馆应认真阅读和理解与各供应商签订的许可协议，确保在使用过程中遵守许可协议的各项规定，保证电子资源使用的合规性。

（三）技术支持与平台选择

选择合适的电子资源管理平台。为了有效地管理电子资源，公共图书馆需要选择合适的电子资源管理平台。这样的平台应具备资源的存储、管理、检索、统计等功能，并能与公共图书馆的其他系统实现无缝对接。确保技术支持和用户体验技术支持是电子资源使用的关键。公共图书馆应设立专门的技术支持团队，为读者提供电子资源的使用指导和技术支持，确保读者能够顺利、高效地利用电子资源。同时，公共图书馆应注重用户体验，不断优化平台界面和功能，使读者在使用过程中获得良好的体验。阅读资源的采集与管理对图书馆而言至关重要。它不仅是图书馆运营的基础，也是确保读者获得高质量阅读体验的关键。其重要性体现在以下方面：

1. 满足读者需求

通过有效的采集，图书馆能够获取读者所需的多样化资源，为读者提供丰富的阅读选择。

2. 优化资源配置

科学的管理策略可以确保图书馆的资源得到合理分配和有效利用，避免资源的浪费和重复。

3.保障资源质量

严格的采购策略和资源评估可以确保图书馆收藏的资源内容优质，与读者需求和学术标准保持同步。

4.策略方面

有效的采购策略应基于深入的读者需求调研，结合流行趋势，制定明确的预算和目标。

资源管理需要完善分类和编目系统，确保资源易于检索；同时，定期评估和剔旧，保持馆藏的活力和相关性。随着技术的快速发展和读者需求的不断变化，未来的阅读资源管理面临以下发展趋势：

第一，数字化进程加速。电子资源的重要性将继续增长，公共图书馆需要更加注重电子资源的采购和管理。

第二，智能化技术应用。人工智能、大数据等技术将为资源管理带来更高的效率，如智能推荐、预测性分析等。

阅读资源管理面临的挑战也同样明显：

第一，版权与许可问题。随着数字内容的增加，版权和许可问题将更加复杂，需要公共图书馆更加关注阅读资源的合规性。

第二，技术更新压力。随着技术的快速发展，公共图书馆需要不断更新技术设备和平台，确保与最新技术保持同步。

第三，用户行为变化。新一代读者的阅读行为和习惯可能与传统读者有很大不同，需要公共图书馆更加深入地了解和研究他们的需求。

第三节　数字资源的推广与利用

公共图书馆的数字资源是指公共图书馆通过数字化技术处理和存储的各种信息资源，包括电子书籍、电子期刊、数字音频、数字视频、数据库等。这些资源以数字化的形式存在，可以通过计算机、手机和其他电子设备访问和利用。在信息时代，公共图书馆的数字资源已经成为图书馆资源建设和服务的重要组成部分。数字资源在公共图书馆中的重要性和推广利用的价值有以下几点：

第一，丰富资源种类与数量。传统的纸质图书受到空间的限制，公共图书馆无法大量收纳。而数字资源的建设打破了这一限制，使得公共图书馆能够收藏更为广泛的信息资源，为读者提供更丰富的阅读选择。

第二，满足多元化需求。数字资源的多样性使其能够满足不同读者的需求。无论是学术研究、休闲娱乐还是学习教育，数字资源都能为读者提供便捷的信息获取渠道。

第三，提高服务效率与质量。通过数字化处理，公共图书馆可以精细分类和标签化处理纸质图书，使读者更容易地找到需要的资源。同时，数字资源不受时间和空间的限制，读者可以随时随地访问，大大提高了服务的便捷性。

第四，推动阅读与文化传播。公共图书馆作为文化传播的重要场所，数字资源的推广利用有助于推动阅读和文化的传播。便捷的访问方式和丰富的资源内容可以吸引更多的读者，提升公共图书馆在社会中的影响力。

第五，适应时代发展。随着科技的进步和互联网的普及，数字资源已经成为人们获取信息的重要方式。公共图书馆作为信息服务的重要机构必须适应这一趋势，加强数字资源的建设和服务。

数字资源在公共图书馆中具有非常重要的地位和推广利用价值。它不仅丰富了图书馆的馆藏，提高了服务效率和质量，还有助于满足读者的多元化需求，推动阅读和文化的传播，并适应时代的发展。因此，公共图书馆应该积极推广和利用数字资源，为读者提供更优质的服务和阅读体验。

一、公共图书馆数字资源的现状与特点

（一）公共图书馆数字资源的种类和规模

公共图书馆的数字资源种类繁多，主要包括以下几类：

第一，电子图书，包括各种类型的电子书，涵盖小说、非小说、学术著作等。

第二，电子期刊，包括学术性、专业性及大众性的电子期刊，满足各种

研究和学习需求。

第三，数据库资源，如学术数据库、专题数据库等，为读者和深入学术研究提供参考。

第四，多媒体资源，包括数字音频、数字视频等，满足读者的娱乐和学习需求。

第五，特色资源，如地方文献数字化、历史档案数字化等，反映地域文化和历史。

随着技术的进步和资金的投入，公共图书馆数字资源的规模不断扩大，越来越多的公共图书馆开始大规模地数字化处理和采购数字资源，使得数字资源的总量迅速增长。

（二）公共图书馆数字资源的特点

公共图书馆数字资源的特点明显，主要包括以下方面：

（1）多样性。数字资源涵盖了文字、图像、音频、视频等多种形式，满足了读者多样化的信息需求。

（2）便捷性。通过电子设备和网络，读者可以随时随地访问公共图书馆的数字资源，无须受到时间和地理限制。

（3）节省空间。与传统的纸质资源相比，数字资源不占实际物理空间，使得公共图书馆可以在不增加馆舍面积的情况下，大幅度增加馆藏数量。

（4）易检索性。数字资源通常配备有完善的检索系统，读者可以通过关键词、作者、题名等多种方式快速定位到所需资源。

（5）互动性。数字资源可以提供互动功能，如在线笔记、书签、分享等，增强读者的阅读体验。

二、公共图书馆数字资源的推广策略

（一）提升用户认知度

在当今这个数字化快速发展的时代，公共图书馆的数字资源越来越丰富，如何提高用户对数字资源的知晓度和利用意识，成为公共图书馆面临的重要问题。本节将探讨如何通过馆内宣传、活动等方式提高用户对数字资源的知晓度，并利用社交媒体、网站等渠道推广公共图书馆的数字资源。首先，馆内宣传是提高用户对数字资源知晓度的有效途径之一。公共图书馆可以通过在馆内设置宣传栏、摆放宣传手册、播放宣传视频等方式，向读者介绍公共图书馆的数字资源。此外，图书馆可以定期举办数字资源讲座，让读者更加深入地了解数字资源的种类、使用方法以及优势。这些讲座可以通过现场互动的方式，让读者更好地掌握使用数字资源的技能。其次，活动也是提高用户对数字资源知晓度的关键手段。公共图书馆可以定期举办数字资源知识竞赛、数字阅读分享会等活动激发读者对数字资源的兴趣。此外，还可以通过开展数字资源进社区、进校园等活动让更多的人了解并利用公共图书馆的数字资源。除了馆内宣传和活动之外，社交媒体和网站也是推广公共图书馆数字资源的重要渠道。公共图书馆可以在社交媒体上发布有关数字资源的动态、使用技巧等信息，也可以通过网站提供数字资源的在线浏览和下载服务。此外，公共图书馆还可以与相关机构合作，共同开展数字资源的推广活动，扩大数字资源的影响力。

为了更好地推广数字资源，公共图书馆还需要注意以下几点：首先，要不断丰富数字资源的种类和内容，满足不同读者的需求。其次，要提高服务质量，确保读者在使用数字资源的过程中能够得到及时、有效的帮助和支持。最后，要注重宣传效果评估，及时收集读者的反馈意见和建议，不断改进和优化推广策略。提高用户对公共图书馆数字资源的知晓度和利用意识，需要多方面的努力和措施。通过馆内宣传、活动推广、社交媒体和网站宣传等多种方式，可以让更多的人了解并利用公共图书馆的数字资源，从而更好地发挥公共图书馆在数字化时代的作用和价值。

（二）合作与联盟

建设公共图书馆的角色和功能发生着深刻的变化。传统图书馆主要提供实体书籍和期刊等资料，而现代图书馆则更加注重数字资源的建设和利用。

数字资源的共享和互换可以促进资源的优化配置，提高资源的利用效率。与其他图书馆、机构合作，实现数字资源的共享与互换，可以实现双赢。一方面，这种合作可以减少每个公共图书馆在数字资源建设方面的投入成本，避免资源的重复建设。另一方面，通过共享和互换数字资源，公共图书馆可以扩大自己的资源库，提供更多、更全面的信息服务。同时，这种合作有助于提高公共图书馆在学术界和社会上的影响力。参与图书馆联盟是实现数字资源共享和互换的重要途径之一。图书馆联盟是由多个公共图书馆组成的联合体，它们共同建设和推广数字资源平台。通过联盟的平台，公共图书馆可以共享和互换数字资源，实现资源的最大化利用。同时，联盟可以组织开展培训、研讨会等活动，提高图书馆员的业务水平和服务质量。优化用户体验是公共图书馆在数字化时代必须重视的问题。为了方便用户获取数字资源，公共图书馆需要提供友好的用户界面和易用的检索、导航等辅助功能。同时，公共图书馆还需要根据用户的需求和反馈，不断改进和优化数字资源平台的使用体验。只有这样，才能吸引更多的用户使用公共图书馆的数字资源，提高数字资源的利用效率。实现数字资源的共享和互换是公共图书馆在数字化时代的重要任务之一。通过与其他图书馆、机构合作，参与图书馆联盟，优化用户体验等措施，公共图书馆可以更好地满足用户对数字资源的需求，提高资源的利用效率，为学术界和社会做出更大的贡献。

三、公共图书馆数字资源的有效利用

公共图书馆正面临着如何更好地满足用户数字阅读需求的挑战。为了推动数字阅读成为公众习惯，公共图书馆需要采取一系列措施。首先，通过举办数字阅读活动、推荐优秀电子书等方式，引导读者接触和接受数字阅读。这些活动不仅可以帮助读者了解数字阅读的优势，还能培养他们的数字阅读习惯。例如，定期举办数字阅读分享会，邀请读者分享自己的阅读体验和感悟；设置数字阅读推广员，向读者推荐各类优秀的电子书和数字资源。其次，公共图书馆应该重视数据分析与用户研究。通过分析用户数字资源的使用数据，了解用户的需求和偏好，从而优化资源配置，提高数字资源的使用效率。例如，图书馆可以通过分析用户的搜索历史、借阅记录等数据，了解用户的阅读兴趣和需求，从而精准地推荐适合他们的电子书和数字资源。此外，为了提升公共图书馆数字服务的水平，技术创新与应用也是必不可少的。公共图书馆应该关注新技术的发展，如人工智能、大数据等，探索其在数字资源管理与服务中的应用。例如，可以通过人工智能技术实现智能推荐、智能分类等应用，提高数字资源的检索效率和精准度；通过大数据技术实现数据挖掘和分析，深入了解用户的阅读行为和需求。公共图书馆在推动数字阅读成为公众习惯的过程中，需要注重数据分析与用户研究，探索新的技术应用，并举办各类数字阅读活动。只有这样才能更好地满足用户的数字阅读需求，提升公共图书馆的数字服务水平。

四、实践案例分析

案例一：某大型公共图书馆的数字资源推广策略

某大型公共图书馆在数字资源推广方面取得了显著成效。他们通过以下创新策略，成功提升了读者对数字资源的认知度和利用率：设置体验区。在公共图书馆内设立数字资源体验区，提供专门的设备和终端供读者体验数字资源。这一举措让读者能够直观了解和感受数字资源的便捷性和丰富内容。线上线下结合。除了公共图书馆内的宣传和活动外，该公共图书馆还充分利用社交媒体和网站等线上渠道进行推广。他们定期在社交媒体上发布数字资源的推荐和导读内容，吸引大量用户点击和转发。建立合作伙伴关系。与多个文化机构和出版社建立合作关系，共同推出精品数字资源，并通过公共图书馆平台进行推广。这种合作方式既丰富了数字资源的种类，也增加了数字资源的权威性和吸引力。这些创新策略带来了显著成效，包括数字资源访问量的大幅提升、读者满意度的增加以及图书馆在社会中影响力的扩大。

案例二：某小型公共图书馆的数字资源共享模式

某小型公共图书馆通过与周边学校和社区机构的合作，成功实施了数字资源共享模式。他们的具体做法如下：校地合作。与当地的学校建立合作关系，将学校的教学资源和公共图书馆的数字资源进行共享。这样，学生可以通过公共图书馆平台访问到更多的学术资源和多媒体资料，提高了学习和研究的便利性。社区机构合作。与社区机构共同建设数字资源平台，将各自拥有的特色资源进行整合和共享。这种合作模式不仅丰富了公共图书馆的数字馆藏，也提升了公共图书馆在社区中的认可度和影响力。通过数字资源的共享模式，该小型公共图书馆以有限的资源满足了更多用户的需求，实现了资源的最优配置和共享利用。

以上两个案例展示了公共图书馆在数字资源推广和利用方面的成功实践。这些案例中的创新点包括体验区的设置、线上线下结合的推广方式、合作伙伴关系的建立以及数字资源的共享模式等。其他公共图书馆可以借鉴这些创新策略，根据自身的特点和需求，制订适合的数字资源推广方案，提升用户对数字资源的认知度和利用率，推动公共图书馆数字资源的持续发展。公共图书馆数字资源的推广与利用在信息时代具有重要意义。它不仅是图书馆现代化的标志，也是满足读者多元化需求、促进文化传播和学术研究的重要途径。通过实践案例分析可以看到，成功的公共图书馆在数字资源推广方面注重用户体验、线上线下结合、与合作伙伴共建共享等策略，为其他图书馆提供了宝贵的经验。

实践经验包括：

（1）设置体验区，让读者直观感受数字资源的魅力。

（2）充分利用线上渠道，如社交媒体，进行宣传推广。

（3）建立合作伙伴关系，共享资源，互利共赢。

（4）根据读者需求，持续优化平台功能和用户体验。

为了进一步加强公共图书馆数字资源的推广与利用，以下建议值得关注：①加强合作图书馆间、公共图书馆与其他文化机构、学术机构间的合作，共同建设更为庞大和完善的数字资源体系。②创新服务模式。考虑为读者提供定制化的数字资源服务，如个性化推荐、学术导航等，满足读者的深层次需求。③提升用户体验。始终将用户体验放在首位，对数字资源平台进行持续优化，如增强检索功能、提供多语种支持等，确保每位读者都能轻松、愉悦地使用数字资源。

第六章　未来展望与创新

第一节　阅读推广的未来趋势

随着科技的飞速发展和社会的不断进步，阅读推广逐渐展现出更加个性化和智能化的趋势。在这个信息爆炸的时代，如何高效地获取有价值的信息成为人们关注的焦点。未来的阅读推广将更加注重智能化和个性化，结合大数据、人工智能等技术，为读者提供更加精准的资源推荐和服务。首先，个性化阅读推广将成为主流。通过收集读者的阅读历史、兴趣爱好、评价反馈等信息，利用大数据分析技术，对每个读者的阅读需求进行深入挖掘，从而为他们提供更加贴心和个性化的阅读推荐。这种个性化推荐不仅提高了读者的阅读满意度，也使得阅读资源得到了更加有效的利用。其次，智能化技术在阅读推广中的应用将更加广泛。人工智能技术可以通过对海量数据的分析，对读者的阅读习惯、学习进度等进行智能评估，从而为他们提供更加精准的阅读建议和资源推荐。此外，智能化技术还可以通过实时监测读者的阅读行为和反馈，不断优化阅读推广策略，提高阅读推广的效果。最后，社交化将成为阅读推广的重要特征。在数字化时代，社交媒体成为人们交流和获取信息的重要渠道。未来的阅读推广将更加注重社交化的特点，通过社交媒体平台与读者进行互动和分享，让阅读变得更加有趣和社交化。同时，社交化阅读推广可以提高读者的参与度和黏性，为阅读推广的持续发展提供强有力的支持。

第二节 创新策略与实践

一、VR 与 AR 技术应用

VR 与 AR 技术，为读者提供一种全新的沉浸式阅读体验，是近年来数字阅读领域的一大发展趋势。这种技术的出现使得读者能够更加直观地理解和感受阅读内容，进一步加深对知识的理解和记忆。在传统的阅读方式中，读者只能通过视觉和听觉来获取信息，而无法真正地沉浸在阅读内容中。但是，随着 VR/AR 技术的发展，读者可以通过这些技术，以更加直观的方式理解和感受阅读内容。例如，在阅读一本历史书籍时，读者可以通过 VR 技术，身临其境地体验到历史事件的发生现场，从而更加深入地理解历史事件的背景和影响。此外，VR/AR 技术还可以为读者提供更加丰富多样的阅读内容。例如，在阅读一本小说时，读者可以通过 AR 技术看到小说中描述的场景真实地呈现在自己眼前，从而更加深入地理解小说中的人物和情节。同时，VR/AR 技术还可以为读者提供更加个性化的阅读体验，如根据读者的阅读习惯和兴趣，推荐相关的阅读内容，提供更加个性化的阅读服务。据一项统计数据显示，使用 VR/AR 技术进行阅读的人数正在逐年增加。这表明越来越多的读者开始接受这种全新的阅读方式，并从中获得更加直观、深入的阅读体验。同时，这也为数字阅读领域的发展提供了新的机遇和挑战。应用 VR/AR 技术提供沉浸式的阅读体验，是数字阅读领域未来发展的重要方向之一。它不仅可以为读者提供更加直观、深入的阅读体验，还可以为数字阅读领域的发展带来新的机遇和挑战。因此，公共图书馆相关工作人员应该积极探索和研究这种全新的阅读方式，为读者提供更加优质、高效的阅读服务。

二、社交媒体推广

数字化时代，社交媒体平台已经成为人们获取信息、交流思想的重要渠道。对于阅读活动和资源的推广来说，社交媒体平台同样具有不可忽视的作用。通过这些平台，公共图书馆相关工作人员能够吸引更多年轻读者参与阅读，提高他们的阅读兴趣和阅读能力。

首先，社交媒体平台可以为阅读活动提供更广泛的宣传渠道。传统的宣传方式，如海报、宣传单等，往往受时间、地点、人力等的限制，而社交媒体平台则能够打破这些限制，让宣传活动随时随地展开。通过在平台上发布相关内容，公共图书馆相关工作人员能够让更多的人了解阅读活动的信息，包括时间、地点、内容等。同时，通过平台的分享功能，公共图书馆相关工作人员能够将宣传内容传播给更多的人，扩大阅读活动的影响力。

其次，社交媒体平台可以帮助公共图书馆相关工作人员更好地了解年轻读者的需求和喜好。通过观察和分析平台上年轻读者的互动和反馈，公共图书馆相关工作人员可以了解他们对阅读活动的期望和意见，从而有针对性地调整活动内容和方式。此外，公共图书馆相关工作人员还可以通过平台上的数据分析了解读者的阅读习惯和喜好，为推广活动提供更精准的定位和策划。

再次，社交媒体平台可以促进年轻读者之间的交流和互动。在平台上，读者不仅可以了解到更多的阅读资源，还可以相互交流阅读心得和体会。这种交流和互动不仅能够提高读者的阅读兴趣，还能够培养他们的阅读能力和批判性思维。同时，通过平台上的互动，公共图书馆相关工作人员还可以及时收集读者的反馈和建议，为改进阅读活动提供有益的参考。

最后，社交媒体平台可以为阅读活动提供更丰富的资源支持。在平台上，公共图书馆相关工作人员可以发布各种类型的阅读资源，如文章、视频、音频等，满足不同读者的需求。同时，公共图书馆相关工作人员还可以通过平台上的用户反馈和评价，了解哪些资源更受欢迎，为后续的资源推广提供有益的参考。

此外，社交媒体平台还可以为阅读活动提供技术支持和运营支持，确保活动的顺利进行和推广效果的实现。利用社交媒体平台进行阅读活动和资源的推广，是吸引更多年轻读者参与的重要途径。通过扩大宣传渠道、了解读者需求、促进交流互动以及提供资源支持等方式，公共图书馆相关工作人员能够提高阅读活动的吸引力和影响力，培养更多年轻读者的阅读兴趣和能力。在未来的阅读推广工作中，公共图书馆相关工作人员应该充分发挥社交媒体平台的作用，为推动全民阅读事业的发展贡献力量。

第三节　永续发展与全球合作

为了确保公共图书馆的永续发展，强化与国际组织的合作至关重要。通过与国际组织的合作，公共图书馆可以更好地分享成功的阅读推广经验和策略，从而在全球范围内推动阅读事业的发展。这种合作不仅有助于图书馆之间的交流和学习，还可以促进各国之间的文化交流和友谊。在强化与国际组织的合作方面，公共图书馆可以采取多种方式。首先，可以加入国际图书馆协会或联盟，与其他国家的图书馆建立联系和合作。其次，可以参与国际会议和研讨会，了解最新的阅读推广趋势和策略，并将其应用于自己的实践中。最后，还可以通过互联网和社交媒体等渠道，与其他国家和地区的图书馆进行交流和分享经验。通过分享成功的阅读推广经验和策略，共同推动全球阅读事业的发展。这种合作可以促进各国之间的文化交流和友谊，也有助于提高全球公民的阅读素养和文化素质。此外，这种合作还可以促进各国之间的知识交流和分享，推动全球知识经济的发展。

第七章　结论与建议

一、结论

公共图书馆作为历史悠久的文化机构，一直以来都是推广阅读的重要阵地，为广大读者提供了丰富多彩的文献资源和宁静舒适的阅读空间。首先，公共图书馆在阅读推广方面发挥着至关重要的作用。在过去的几十年里，公共图书馆一直承担着向公众提供阅读文献和信息的使命。从小说到历史书籍，从科学知识到文化艺术，公共图书馆的馆藏涵盖了各种类型的书籍，满足了不同读者的需求。其次，公共图书馆还通过举办各种活动，如阅读俱乐部、讲座和儿童故事会等，鼓励读者参与阅读，培养他们的阅读兴趣和习惯。

但是，随着时代的变迁和社会的发展，公共图书馆面临着诸多挑战。首先，随着科技的发展，人们的阅读方式发生了改变，电子书和网络阅读逐渐取代了纸质书籍。这使得公共图书馆的纸质书籍借阅量逐渐下降，对图书馆的运营模式提出了新的要求。其次，社会节奏的加快和信息获取渠道的多样化使得人们去图书馆阅读的时间越来越少。最后，公共图书馆还面临着资金不足、人员短缺等问题，这些问题严重制约了图书馆的发展，阻碍了其服务质量的提升。

尽管如此，公共图书馆仍具有巨大的发展潜力。首先，公共图书馆可以通过数字化和网络化建设，提升服务质量，满足读者的新需求。例如，图书馆可以通过建设数字化数据库和在线借阅系统，方便读者获取文献资源。其次，公共图书馆可以通过与社区和其他文化机构合作，举办更多的阅读活动和讲座，扩大影响力。此外，公共图书馆还可以通过提供舒适的阅读环境和个性化的服务，吸引更多读者。

二、建议

在面对挑战的同时，公共图书馆也蕴藏着无数的机遇。随着社会的发展和人们阅读需求的改变，公共图书馆需要不断创新和改进服务模式，以满足读者的需求。例如，公共图书馆可以通过开展移动图书馆服务、建立 24 小时自助借阅系统等创新服务模式，为读者提供更加便捷的阅读服务。此外，公共图书馆还可以通过与学校、社区和其他机构合作，开展阅读教育和文化活动，提高读者的阅读素养和文化素质。

1. 加大数字化投入

公共图书馆在阅读推广方面具有不可替代的作用，同时面临着诸多挑战和机遇。在数字化时代背景下，公共图书馆相关工作人员需要不断创新和改进公共图书馆的服务模式和管理方式，以更好地满足读者的需求和期望。只有这样，公共图书馆才能在时代变迁中继续发挥其重要作用，为推动全民阅读和文化事业的发展做出更大的贡献。在这个数字化、网络化的时代，公共图书馆的角色已经发生了巨大的变化。它们不再仅仅是书籍的存放地，还成为文化的传播中心、知识的交汇点以及社区的活动中心。为了更好地发挥其在阅读推广中的核心作用，公共图书馆必须结合前沿的创新策略，积极应对挑战。

2. 分析受众和提升服务品质

在新的时代背景下，公共图书馆所面临的最大挑战就是读者群体的多样化需求。今天的读者对公共图书馆的需求已经远远超出了对传统纸质书籍的借阅，他们对数字化资源有着同样的渴求。因此，公共图书馆必须积极扩展数字资源，提供电子书、有声读物、视频、音频等多种格式的资源，以满足读者多元化的需求。公共图书馆通过提供丰富的数字化资源，可以满足不同年龄段、不同兴趣爱好的读者的需求。例如，对于年轻人和科技爱好者，图书馆可以提供最新的电子书和有声读物，让他们能够随时随地阅读最新的书籍和资料。对于老年人和视力不佳的读者，图书馆可以提供大字体和有声读物，让他们能够轻松阅读书籍。

除了提供数字化资源外，公共图书馆还可以通过各种活动来吸引读者。例如，图书馆可以举办读书俱乐部、讲座、研讨会等活动，让读者能够交流阅读心得和思想。此外，公共图书馆还可以与社区合作，举办各种文化活动和庆祝活动，增强社区的凝聚力和文化氛围。

在满足读者多元化需求的同时，公共图书馆还要注意提高服务质量。图书馆员需要具备良好的专业知识和服务意识，为读者提供优质的服务。

3. 实施多方位合作策略

与学校合作是公共图书馆推广阅读的重要途径之一。公共图书馆可以与学校建立紧密的合作关系，为学生提供课外阅读指导，帮助他们选择适合自己的读物，并开展丰富多彩的阅读活动。例如，公共图书馆可以邀请著名作家、学者到学校举办讲座，为学生提供写作和创作的指导。这些活动不仅能够丰富学生的知识储备，更能够激发他们的阅读兴趣和创作热情。

与社区合作也是公共图书馆推广阅读的重要手段之一。公共图书馆可以与社区合作，为居民举办读书会、作者见面会等活动。这些活动可以让居民更好地了解书籍的内容和作者的创作思路，同时可以为他们提供一个交流和分享的平台。这些活动不仅能够提高居民的阅读水平，更能够促进社区的和谐与稳定。

与家庭合作是公共图书馆推广阅读的另一种方式。公共图书馆可以推出亲子阅读项目，包括亲子共读、家庭读书会等活动，让阅读成为家庭的一种习惯。这些活动不仅能够提高家庭的阅读氛围，更能够促进家庭成员之间的感情交流和互动。

这种多方位的合作不仅能够推动文化的传承，更能够激发文化的创新。同时，这种合作可以促进不同机构之间的交流和互动，为文化传承和创新提供更加广阔的空间和平台。

4. 加强国际交流与合作

在全球化的背景下，公共图书馆作为社会文化交流的重要平台，扮演着越来越重要的角色。为了更好地满足读者需求，公共图书馆需要不断地加强与国际组织的交流合作，国际组织的交流合作对于公共图书馆事业的发展具有重要的意义。这种合作能够为公共图书馆带来更多的机会和资源，促进其永续发展。通过与国际组织的合作，公共图书馆可以引进更多的国外先进理念和技术，学习借鉴国际上成功的经验，不断完善自身的服务和管理水平。同时，国际组织的支持也能够为公共图书馆提供更多的资金和技术支持，推动其事业不断发展壮大。

在加强与国际组织的交流合作方面，公共图书馆需要采取积极的措施。首先，公共图书馆可以通过参加国际会议、展览等活动加强与国际同行的交流和合作。其次，公共图书馆可以积极申请加入国际组织，获得更多的支持和资源。此外，公共图书馆可以通过开展国际互访、学术交流等活动，增进相互了解和合作。

总体而言，公共图书馆作为阅读推广的重要基地，既面临着众多挑战，也拥有无限机遇。只要积极应对，巧妙创新，它必定能够在文化的传承与创新中发挥更大的作用，为人们带来更加深厚的文化底蕴和知识的光芒。

参考文献

[1] 朱纯琳 . 文化援疆中国家深度贫困地区阅读推广实施策略——以新疆克州公共图书馆阅读推广为例 [J]. 图书馆学刊，2021，43（1）：72–75.

[2] 李巍，黄英，王红，等 . 高效 PDCA+F 循环理论下立体阅读推广实践与探索——以东北农业大学图书馆"以树寻书"活动为例 [J]. 大学图书馆学报，2023，41（4）：84–91.

[3] 陈罗 . 未成年人传统文化阅读推广探究——以扬州市少儿图书馆大运河文化阅读推广为例 [J]. 新世纪图书馆，2023（6）：19–23，97.

[4] 经京，童熠陵 . 公共图书馆少年儿童科普阅读推广的创新与实践——以常州市图书馆"小灯塔科普悦读会"为例 [J]. 新世纪图书馆，2023（6）：15–18，50.

[5] 马超 . 新时代公共图书馆传统文化阅读推广经典推荐书目研究——以《中华传统文化百部经典》书目为例 [J]. 图书馆理论与实践，2023（2）：99–105.

[6] 杨帆 . 公共图书馆少儿科普阅读推广活动创新研究——以重庆图书馆"智慧空间站"为例 [J]. 科技风，2023（7）：137–139.

[7] 申卫群 . 高校图书馆参与全民阅读推广活动实例探析——以玉林师范学院图书馆为例 [J]. 黑河学刊，2023（3）：95–100.

[8] 李瑞琼 . 品牌建设在地方文献阅读推广中的重要意义——以山西省图书馆"典籍山西"为例 [J]. 办公室业务，2023（3）：171–173.

[9] 江显晶，黄莲莲 . 总分馆制模式下公共图书馆融媒体阅读推广服务平台的建设——以温州市图书馆为例 [J]. 江苏科技信息，2023，40（10）：24–27.

[10] 黄萍，陈大猷，谢娟. 基于 PEST 分析的公共图书馆阅读推广品牌建设研究——以湖北省公共图书馆为例 [J]. 河北科技图苑，2023，36（3）：59-65.

[11] 林翠萍. 数据赋能的图书馆智慧阅读推广服务的实践与探索——以深圳市龙岗区图书馆为例 [J]. 图书馆界，2023（1）：81-85.

[12] 周莹雪，仇之聪. 公共图书馆线上阅读推广服务创新探析——以金陵图书馆"星火"系列主题新媒体专栏为例 [J]. 河南图书馆学刊，2023，43（5）：10-12.

[13] 陶娟. 大数据在高校图书馆阅读推广中的应用——以武汉工程大学图书馆为例 [J]. 内蒙古科技与经济，2023（15）：136-138，142.

[14] 张亮. "融合·次第·多元"的全民绘本阅读推广模式研究——以辽宁师范大学图书馆为例 [J]. 大学图书情报学刊，2023，41（3）：63-66.

[15] 刘艳，廖艺航，赖莹. 公共图书馆阅读推广活动的时尚性研究——以丽水市图书馆"阅读遇见电影"活动为例 [J]. 河南图书馆学刊，2023，43（5）：13-14，17.

[16] 李煦，邬玉香，徐霞. 耕读教育背景下农科专业经典阅读组织化推广策略研究——以湖南农业大学图书馆为例 [J]. 安徽农业科学，2023，51（14）：278-282.

[17] 李鹏. 阅读推广品牌创新实践研究——以贵州省图书馆"我们的节日·云读山水"为例 [J]. 山东图书馆学刊，2023（4）：99-103.

[18] 吕少平. 融媒体背景下公共图书馆阅读推广路径研究——以天津图书馆为例 [J]. 兰台内外，2023（2）：73-75.

[19] 段安元. 疫情常态防控下如何做好高职院校图书馆阅读服务推广——以湖南环境生物职业技术学院为例 [J]. 经济师，2023（2）：176-177，179.

[20] 冯梅，丁菁梅，李琛，等. 沉浸体验式阅读推广活动品牌的建设实践与思考——以中国科学技术大学图书馆为例 [J]. 大学图书情报学刊，2023，41（1）：25-30.

[21] 陈珲夏. 全媒体环境下高校图书馆深度数字阅读推广模式研究——以浙江

大学图书馆为例 [J]. 大学图书情报学刊，2023，41（1）：31-34，45.

[22] 李丽娜. 阅读推广视角下高校图书馆借阅量的实证研究——以山东青年政治学院图书馆为例 [J]. 内江科技，2023，44（3）：110-111.

[23] 董惟浩. 短视频平台在高校图书馆阅读推广中的应用研究——以抖音短视频为例 [J]. 江苏科技信息，2023，40（19）：47-49.

[24] 葛卫华. 少儿图书馆绘本阅读推广探究——以南京市溧水区儿童图书馆为例 [J]. 内蒙古科技与经济，2023（13）：143-145.

[25] 蒋莹. 文旅融合时代公共图书馆传统文化阅读推广高质量发展策略研究——以广州图书馆为例 [J]. 河南图书馆学刊，2023，43（9）：18-19.

[26] 智晓静，王凤英，黄国凡. 高校图书馆外文阅读推广服务创新与发展策略探析——以厦门大学图书馆为例 [J]. 情报探索，2023（4）：71-77.

[27] 李娜. 乡村振兴背景下基于"互联网+"的阅读推广策略创新研究——以惠州市仲恺高新区图书馆为例 [J]. 河南图书馆学刊，2023，43（7）：104-108.

[28] 朱亮. 地域文化视角下阅读推广的实践与思考——以首都图书馆为例 [J]. 山东图书馆学刊，2023（4）：94-98.

[29] 王雄青，曾湘琼，陈代春. 高校图书馆阅读推广服务的专业化发展——以湘潭大学图书馆为例 [J]. 大学图书情报学刊，2023，41（2）：98-103，109.

[30] 廖坚. 大湾区公共图书馆少儿科普阅读推广的实践与思考——以深圳"图书馆之城"少儿科普月活动为例 [J]. 数字与缩微影像，2023（3）：18-21.

[31] 刘红梅. 图书馆少儿阅读推广活动模式初探——以山丹县培黎图书馆阅读推广为例 [J]. 参花，2021（10）：145-146.

[32] 谭翔尹. 游戏化：公共图书馆中华传统经典阅读推广的模式再造——以广东省立中山图书馆"梦回大唐"为例 [J]. 国家图书馆学刊，2022，31（3）：62-73.

[33] 廖玲玲. 地方党校图书馆红色阅读资源开发与推广策略——以中共江西省委党校图书馆为例 [J]. 出版广角，2022（1）：92-95.

[34] 顾揖 . 基于"5W+4R"理论的公共图书馆全民阅读推广的探索与实践——以苏州市吴中区图书馆为例 [J]. 新世纪图书馆，2022（8）: 31-36.

[35] 姜晗 . 创意阅读推广选题传承校风校史传统——以南京师范大学图书馆"校史阅读"系列主题推广为例 [J]. 新世纪图书馆，2022（4）: 17-22.

[36] 蒋燕 ."深阅读"作为图书馆阅读推广的方向——以张家港市图书馆为例 [J]. 新世纪图书馆，2022（11）: 50-55，74.

[37] 周云颜 .5G 背景下图书馆阅读推广活动创新研究——以平桥区图书馆为例 [J]. 传媒论坛，2022，5（12）: 106-109.

[38] 王会玲 . 民办高校图书馆阅读推广服务体系构建——以武汉工程科技学院图书馆为例 [J]. 河南图书馆学刊，2022，42（7）: 62-64.

[39] 米雪 . 整体服务外包模式下高校图书馆阅读推广研究——以合肥幼儿师范高等专科学校为研究案例 [J]. 科技视界，2022，12（19）: 7-10.